猪木道

政治家・アントニオ猪木
未来に伝える闘魂の全真実

Konishi Kazuyoshi
小西一禎

河出書房新社

猪木道

政治家・アントニオ猪木
未来に伝える闘魂の全真実

／目次

第2章　絶対に諦めない

終章　闘魂伝説、完結へ

カバー写真　山内 猛
本文写真　山内 猛、共同通信社
協力　甘井もとゆき（コーラルゼット）
ブックデザイン　鈴木成一デザイン室

猪木道

政治家・アントニオ猪木
未来に伝える闘魂の全真実

序章
史上初のプロレスラー議員

宿命のライバル、
タイガー・ジェット・シンが
議員会館を訪れ、
熱い対話を交わす
（写真＝山内 猛）

等身大の猪木とは

一九八〇年代の金曜日午後八時。テレビに映るお茶の間のヒーローは、大勢の観客に囲まれたリング上で殺気溢れる試合を繰り広げ、幾多のライバルを次々と倒していった。一七歳で師匠・力道山にスカウトされ、移民先のブラジルから単身帰国して、プロレス界入り。重ねた名勝負は、国中を熱狂の渦に巻き込んだ。その戦いぶりから、人はいつしか彼を「燃える闘魂」と呼び、リングへの入場テーマ曲は今も広く知られている。

四五歳をひとつの転機と捉え、人知れず抱いていた政治家になるとの夢を実現するべく、国政選挙への出馬表明には誰もが驚いた。ギリギリで当確に滑り込み、初当選を果たすと、史上最強ボクサー、モハメド・アリとの異種格闘技戦で得た世界的な知名度を武器に、一年生議員として、異例の独自外交を展開した。その真骨頂を発揮したのは、湾岸戦争勃発寸前の一九九〇年、イラクに残された日本人人質の解放劇。日本中が感動に包まれた。

力道山のルーツを知り、北朝鮮への関心を強めたのは一期目の終わりが近づいた頃のこと。一九九四年に初めて訪朝し、交渉を素早くまとめて、翌年にはイラクの時と同様「平和の祭典」を実現させた。この間、周辺の嫉妬を招き、金銭スキャンダルやピストル密輸入疑惑などに見舞われ、ワイドショーの恰好の餌食に。再選を目指した選挙では大幅に得票を減らし、落選。底知れぬ挫折を味わうこととなった。

一九九八年に現役を引退した後は、生活拠点を米国に置き、かねての念願を実現、日本と往復する日々を送る。毎年大みそかに行われていた格闘技イベントに顔を出し、健在ぶりをアピールするも、時間は経過していく。七〇歳を祝う古希パーティーには、各界の名士のほか、弟子たちも多数参加。その四か月後、日本維新の会から参院選への出馬を表明、三五万超の票を集めて当選した。実に一八年ぶりの国政復帰を果たす。

二期目を迎えてほどなく、国会の許可を得ないまま北朝鮮を強行訪問。参院では六三年ぶりとなる懲罰処分を下され、三〇日間の登院停止となり、悲哀を味わう。国会質疑では、独自の質問を繰り広げ、時にはダジャレを交えて、場内を笑わせる一方、ライフワークと化した訪朝を重ね、その都度政府からは批判を招いた。盟友・アリの死に悲しみを寄せ、最愛の妻・田鶴子を亡くした今、自らも難病と闘い、死を見詰めている。

プロレスラー・アントニオ猪木について書かれた本は星の数ほどあるが、政治家・アントニオ猪木のストーリーを包括的に取り上げた本は存在しない。史上初のプロレスラー出身議員として、ユニークな言動を軸に、独自外交を展開してきた政治家としての実像を記した本があっても良いのではないか。プロレスラー・猪木は広く知られている一方、政治家・猪木の活動ぶりは知られていない側面が多いのではないだろうか。

共同通信社の政治部記者として、野党を担当していた時、政界に復帰した猪木が取材対象者となり、幸いにして深く取材し、交流する機会にも恵まれたこともあり、次第にその思いを強め、書籍化への道を探り始めた。

本書執筆にあたり、猪木に趣旨を説明したところ快諾を得られたため、政治家時代の猪木、引退後の猪木に対し、足掛け三年、長時間に及ぶインタビューを重ねた。断片的事実を丹念に探り、その背景や思いをストレートに尋ね、疑問をぶつけていった。

なぜ、政治家になったのか。

なぜ、イラクの人質を解放できたのか。

なぜ、北朝鮮を何度も訪問するのか。

なぜ、国会質問でダジャレを連発するのか。

なぜ、批判をものともせずいられるのか。

アントニオ猪木の政治家としての全真実を、猪木が質問に答える形で浮かび上がらせ、インタビュー取材に対する本人の言葉を中心に、政治的・歴史的事実に沿って、最大限主観を排しながら、時系列でまとめ上げた。本書では、政治家・猪木として、自ら結論が出し切れていない政治活動を総括し、つまびらかにするとともに、現在・過去・未来における等身大の猪木に迫ることを試みた。

まずは、政治家挑戦に至った道のりから物語を始めたい。

第1章 リングから国会へ

国会初登院の日。左は福田宏一
（写真＝山内 猛）

なぜ猪木が政治家に

「国会に卍固め、消費税に延髄斬り」

衝撃的なフレーズを引っ提げて、プロレスラー・アントニオ猪木が政治の世界に打って出たのは、一九八九年のことだった。時はバブル経済の真っ只中。日本中が空前の好景気に酔いしれ、さらなる右肩上がりを信じ、バブルが崩壊するなど誰も考えなかった頃、自らが築き上げてきたレスラー人生が曲がり角に差し掛かっているのを悟り、転機を感じ取っていた猪木。長年にわたり、人知れず抱き続けていた政界進出への夢を実現させようと決意を固めていた。そして、参院選出馬に踏み切った。

プロレスラーと政治の結びつきに戸惑いを見せる世間をよそに、後に国会議員に転じる弟子の馳浩《はせひろし》を従え、北海道から沖縄まで全国を飛び回り、ひたすら握手をする選挙運動は日に日に盛り上がりを見せた。お茶の間から飛び出した、稀代の人気レスラーの選挙戦をメディアは連日こぞって取り上げ、握手した人数は九〇万人に上った。

「当選確実」の知らせは投票日翌日にずれ込み、得票は約一〇〇万票。比例代表の五〇議席中、四八番目に何とか滑り込み、史上初めての現職プロレスラー国会議員が誕生した。

なぜ、猪木は政界に進出したのか。まずは、その疑問から解いていきたい。

「生きるという部分で、いつまでもプロレスラーを続けるわけにはいきません。やっぱり、五年、五年、五年という刻みでいろいろな転換期を自分なりに感じています。会社から追放されたり、独立したり、モハメド・アリと戦ったり。そして、四五歳というのは、私なりに考えれば、ひとつのギリギリの線かな、と前から思っていました」

「人生とは何か、ということを自分で決めていく上で、選手として四五歳は、過激なことをやっていても、メッセージを送り切ることができないと思っていました。そこにうそが混じっちゃいけませんから。四五歳というのは、ひとつの転換期であり、もともと政治志向については強いものがありました」

猪木が、翌月の参院選への出馬を表明したのは一九八九年六月二〇日。この時、四六歳。壮絶な半生を語り尽くした『アントニオ猪木自伝』によれば、レスラー発掘のため訪れていたソ連（当時）で、政府要人と交渉を進めていく過程の心境を明かしている。

「クレムリンを出るとき、私は有頂天になっていた。民間人でありながら、クレムリンで歓待されたのだから。

しかし同時に、民間の交流では限界があることもわかっていた。やはり本格的に物事を進めるためには、政治の場に立たなければならないのか……。政治家というポジションを具体的に意識したのは、あのときかもしれない」

猪木はこの時、四五歳を過ぎ、四六歳になったばかり。以前から抱いていた政治志向が、明確で具体的な形にスイッチしたのがこの瞬間だとすると、まさに四五歳を境にした人生の転機ということで符合する。

猪木が語る。

「実業家だった親父は、自由党の結党にも参加し、吉田茂元首相との縁もあって、衆院選に立候補する準備を進めていたとの話がありました。横浜市議選に出馬して、落選したとも聞いています。猪木家には、もともとそうした政治を目指す気風が片隅に残っていたんですね。私が幼い頃に亡くなったので、あまり記憶はないのですが」

「もうひとつ、決定的なのが、力道山が引退後、参院選に出るという話を知っていました。付き人というか、側近でしたから、会合などで下座に座っていると、小耳に入ってきたんです」

猪木家に脈々と流れていた政治志向の血が猪木にも伝わっていたことに加え、暴漢に刺されたのが原因で、志半ばで亡くなった師匠がなしえなかった政治家への夢、意志を継ごうとしていた猪木。ソ連で、政治家たちと交渉しているうちに、そうした思いがふと呼び起こされた。年齢もプロレスラーとして転機と位置付けていた四五歳。いろいろな要素が偶然か必然かはともかく、一度に重なることで、機が熟したということだろうか。

猪木の母は一九八七年、猪木が政治家になることを見届けることなく、ブラジルで死去した。

「これは、兄弟を通じての話ですが、お袋の思いとしては『兄弟がこれだけ多いのだから、お父さんの意志を継いでくれるような子が出ないかな』と漏らしていたそうです」

半世紀以上の活躍

一九四三年二月二〇日、一一人兄弟の九番目、六男として横浜市で生まれた猪木。一四歳で一家はブラジルに移住、コーヒー農園での労働に従事した現地では、壮絶な生活が待っていた。一七歳の時、ブラジルを訪れていた力道山にスカウトされ、幼い頃から抱いていた夢であるプロレスラーの道へいざなわれてから、一九九八年・五五歳での引退を経て、二〇二〇年でデビュー六〇周年を迎えた。プロ野球巨人軍の長嶋茂雄、王貞治と並び、半世紀以上にわたって、お茶の間に顔が知られ、第一線で活躍を続けている。言うまでもなく、永遠のスーパースターであり、そのことは誰しも否定できないだろう。

その猪木が、活躍の場を政治に求め、政治家として活動したのは参院議員二期一二年。

一期目は一九八九年〜一九九五年、二期目は二〇一三年〜二〇一九年にあたる。

「自分の人気というものがあるのは、自分でもよく分かり、感じていましたが、どの程度で、どういう人気なのかということは考えたことがなかったですね。私が行くところ、行くところで人が集まる。しかもたくさん。ただ、どの程度なのかはよく分かりませんでした」

体がひときわ大きいプロレスラーは、どこにいても自ずと、周りから頭ひとつ飛び出るため、目立つ存在だ。猪木は、プロレスラーとして長年活躍してきたとはいえ、その人気が政治家になったとしたら、どの程度のものなのかということを測りかねていた。

今では考えられないかもしれないが、かつて、プロレス界と政界は極めて深い関係にあった。猪木が所属していた「日本プロレス」のコミッショナーは、歴代の自民党副総裁が代々務めており、大野伴睦《おおのばんぼく》、川島正次郎、椎名悦三郎が就任。猪木が設立した「新日本プロレス」にも副総裁経験者の二階堂進が就いていた。

「我々、下っ端はお付き合いなどというレベルではありませんでしたが、一緒に食事をする機会などはありました。もちろん、当時の自分が立っている位置は、今の位置と全く違いましたから、それほど政治を深く考えてはいませんでした」

とは言え、プロレスの周りに常に政治があったということは、自然と政治を身近に感じられ、接する機会に恵まれていたということになる。政治をまったく意識しないということはなかったに違いない。

「選挙応援にもよく駆り出されました。プロレスの興行と選挙の応援は似ている要素があるでしょうね。人を集めるという意味で」

「これは、後になって分かったことですが、ちょうど四五歳の時、プロレスラーになってからの経験を振り返り、自分で自分の人生をプロデュースしてきたことに気付きました。自分の思いというのはいろいろな形で実現していく、あるいは思い続けていくという人生観です。人から『ああしろ、こうしろ』と言われる人生観は私にはありません。自分で決めてきた道筋ですから、たとえそれが失敗であろうと、何であろうと関係ありません。人から与えられるというよりは、自分でこうしたいから、ああしたいから、いろいろやってきたのが私の人生です」

プロレスラーになったのも、政治家になったのも自分で人生をプロデュースした結果だと強調する猪木。政治家になるきっかけ、トリガーとなった時点に時計の針を戻してみる。

議員外交の必要性を痛感

「スポーツ交流を軸とした国際交流」に関心を抱いていた猪木のもとに、一九八〇年代末、ある新聞記者から興味深い情報が寄せられた。「ソ連に優れたレスリングの選手がいるから、見に来ないか」というもので、猪木は飛びついた。

「まだ政治家じゃないから、外交とはいえない、スポーツを通じた国際交流でしたが、すぐに新日本プロレスの社員らを派遣しました」

東西冷戦の象徴のひとつ、ベルリンの壁が崩壊し、東欧諸国でドミノのように独裁政権が倒れ、民主化への動きが加速。ソ連ではゴルバチョフによるペレストロイカのもと、市場開放が進められていた。スポーツも例外ではなく、オリンピックで大量に金メダルを獲得したソ連選手に対し、各国の目が注がれ始めていた。

「先遣隊が『とにかく、すぐソ連に来てください』というので、急いで向かいました。プロレスに必要な四つの極意である受け身や攻撃、信頼関係、与える感動について選手たちに説明すると、テーブルを叩きながら『俺たちがやりたかったのはそれだ。それをやりたい』と喜び、一気に話が進んでいきました」

その後、数人のソ連人選手を日本に呼び、東京ドームでの興行を成功させると、猪木は再び、ソ連のモスクワに向かった。興行で窓口役を務める要人と再会した後、副首相クラスの政府要人からクレムリンに招かれることになる。

猪木は当時の心境に関し、自伝で「ソ連との交渉を通じ、私は国際交流の重要性を改めて感じていた。交流を深めて行けば、閉塞した状況にもいつか風穴が開き、新しい関係を作ることができるのではないか。ソビエト通でも何でもない素人の私が、直接役人たちと交渉し、世界初のイベントを成功させたのだから」と記述している。

そして、先述したように、政治家になって、民間の国際交流ではなく、外交の舞台に立ちたいと強く思い、実現への道を探り始めるようになる。

「外交というのは、ビジネスの世界でも同じだと思いますが、肌と肌、目と目、膝と膝を突き合わせる必要があります。最終的には、ビジネスライクという言葉にもたどり着きますが、そうではなくて『こいつのためだったら、ひとつやってやろう』という世界共通の認識ではないかと思います」

外交と、交流・ビジネスの違いを噛み締めた猪木は、参院選を視野に入れ、一気に突き進んでいく。

スポーツ平和党結党

「スポーツを通して、世界平和へ貢献する。一〇〇万票は取りたい」

「政界は私がこれまで戦ってきた異種格闘技戦の中で一番の好敵手になる」

東京都・港区の東京タワー近くのボウリング場で、スポーツ平和党を結党し、自らが参院比例区から出馬することを正式に表明した。プロレスラー・猪木の政界進出、選挙戦への参画に、プロレスファンを中心に世間は驚き、民放テレビ各局は大きく取り上げた。

「もともと面識があった森（喜朗元首相）さんには、事前に挨拶に行きました。『もうちょっと（政治に興味を持つのが）早ければなぁ。お前みたいなの、自民党が欲しかったんだよ。もう比例の枠はすべて埋まっちゃったけどな』と言われましてね」

猪木によれば、森は猪木が政界進出することを歓迎しつつ、思わぬ話を切り出したという。同時に「『お前、スポーツと政治は違うんだよ、別のものなんだよ』とも言われましたよね」と回顧。「だったら平和を付けよう、ということでスポーツ平和党に落ち着きました」と党名決定の背景を明かした。

「あれからだいぶ時間が経ちましたが、今なんか、政治が最大限にスポーツを利用していますよね。まあ、当時はそういう考え方が主流だったんでしょうね。ともかく、あの森さんがそんなことを言っていたというのが非常に面白いと思います」

その後、首相を経験した森は、東京オリンピック・パラリンピック競技大会組織委員会の会長を務めた。

当時の参院比例区を巡る選挙制度では、名簿に載せるために、各政党は少なくとも候補者を一〇人集める必要があった。さらに、一人当たり四〇〇万円の供託金を事前に納めなければならず、猪木は現金四〇〇〇万円の調達を迫られていた。

出馬会見では「お金はない、組織もない。ないない尽くしだ」と笑みを浮かべていた。

猪木はその点について「もう、ズバリ言いますが、佐川急便の佐川清オーナーが『カネはいくらかかるのか』と声を掛けてくれました。佐川会長の器量を感じ、人に恵まれたと思っています」と述べ、いわゆる「佐川マネー」から支出されたことを明らかにした。

自ら考えたフレーズ

「有名なキャッチフレーズは、自分で考えました。プロレス視聴者から技の名前を募り、名付けられた『卍固め』を使って、『国会に卍固め』。これは、もう感性の問題でしたね。『延髄斬り』については、当時は消費税が争点になっており、私は反対の立場でしたから。消費税を擬人化した人形をつくり、小さなトラックの後ろで、私が延髄斬りをすると、首がぶっ飛ぶように細工していました」

投票日一か月前に出馬を表明した猪木は、自分以外の候補者選定とキャッチフレーズやポスターなどの準備を急いだ。現在の参院比例区選挙は、有権者は「政党名」か「候補者名」での投票が可能な「非拘束名簿式」だが、当時は政党が名簿の登載順位を明確に決めた上で「政党名」の投票しか認められず、個人名は無効となる「拘束名簿式」だった。

「スポーツ平和党というできたばかりの政党名を、いかに短期間で浸透させるかという点で、知恵を使いました。選挙ポスターの図案も自分で考えたんですよ」

猪木が考えたポスターは、大きなヒノキの木を一本立てて、その下にイノシシの親子が歩いているというもの。これは、猪木個人を連想させるからという理由で没になった。

馳と二人三脚

猪木の選挙戦には、新日本プロレスのレスラーたちがこぞって手伝った。とりわけ、熱心に取り組んだのは、後に参院議員を皮切りに政界に羽ばたいた馳だ。

「馳がずっと付いてきてくれました。夜汽車も使ったりしながら、全国を駆け回りました。夜汽車では、その停車駅すべてが選挙運動でしたからね。駅だろうと、どこだろうと。北海道から沖縄まで回り、一〇〇万人と握手するのを目指してました」

手形のシールを作り、繰り広げた作戦の名前は「一〇〇万人に握手」。会う人すべてと、とにかく握手をするというもので「途中から、右手が腫れてきました。あの頃は、まだ

（恒例の）ビンタはしてませんでしたかね」

「誰もできないこと、誰もしたことがないことをしたかった」と言う猪木が選挙戦で訴えたのは、票に結び付きにくい独自の議員外交と、平和実現に向けた信念だった。メディアは、破天荒な選挙戦を繰り広げる猪木の一挙手一投足を連日追い掛け、注目度は極めて高かった。移動した距離は約八〇〇キロ。選挙戦最終日は、最後の街頭演説をＪＲ東京駅前で行い「マイク納め」をした後、東京タワー近くの選挙事務所まで約八キロを走って、選挙運動を締めくくった。

「池に石を投げると、石は沈みます。落ちた池の部分から、波紋はどうやって広がるか、ということが選挙運動の基本でしたが、次第に手応えを感じるようになりました。『猪木の選挙は、パフォーマンスだ』と言う人がいましたが、パフォーマンスこそこっちのものですから」

他の野党候補者は、同年四月に導入された消費税批判をはじめ、リクルート事件、首相宇野宗佑の女性問題を大々的に取り上げていた。選挙結果は、社会党委員長の土井たか子の「山が動いた」の言葉に象徴されるように、社会党の女性候補者が次々と当選する「マドンナ旋風」が吹き荒れ、同党が改選第一党になり一気に躍進。大惨敗した自民党は、参院で過半数割れを起こし「ねじれ国会」が出現した。

自民党がその後、単独過半数を回復したのは二〇一六年の参院選で、実に二七年を要し、九回もの選挙を経なければならなかった。

歓喜の当確

「最初は楽勝と言われてましてね。早々に当確が出るとみられていましたが、なかなか出ませんでした。立会人を通じて調べてみると、名前を書いた票が大量にあると。できたばかりのミニ新党として、『アントニオ猪木』と『スポーツ平和党』のすみ分け、書き分けを求めるのは本当に難しかったですね。猪木ファンからは『アントニオ猪木、と書きましたから』と言われましたが、それじゃダメなんですよと（笑）」

長丁場の選挙戦を走り抜け、迎えた開票作業で、猪木は思わぬ苦戦を目の当たりにし、困惑を隠せなかった。当選確実＝当確が遅れた理由は、猪木の名前が書かれた相当数の無効票のためだった。アントニオ猪木の知名度に対して、結党ホヤホヤのスポーツ平和党の名前の浸透が間に合わず、猪木は気をもむことになる。

国政選挙では即日開票が一般的になっている現在と異なり、当時は即日開票と翌日開票が行われていたため、翌日開票の行く末を見守らなければならなかった。

「東京タワー近くのボウリング場が事務所で、ずっとそこで待機していました。投票日翌朝、気分転換を兼ねてジョギングをして、一汗かいて戻ってきましたが、なかなか当確が出なかったですね。比例最後の議席確定（当時の比例当選者は五〇人）が懸かっていたので、メディアの人たちもたくさん待機してましたね。五一番目との情報も入ってきたりして『何だよ、話が違うじゃないか』と。かなり、そわそわしていましたね」

そして、投票翌日の午後五時過ぎ。五〇番目の比例最終議席に、猪木のギリギリ滑り込み当確が出ると、事務所内は歓喜に包まれた。集まった支援者による「猪木コール」が沸き起こる中、満面の笑みを浮かべ、肩を抱き合った支援者と一緒に「ダーッ！」や万歳、ガッツポーズを何度も繰り返し、史上初のプロレスラー出身の国会議員が誕生した。

「長かった。こんなに苦しい試合をしたことはない。でも、素晴らしい戦いをさせてもらった」「プロレスはファンの気持ちが分からなければ駄目だが、政治も国民の気持ちが分からないといけない」と当選直後、力強く語った猪木。新日本プロレス所属のレスラーから胴上げまでされた。

「あの時は、その場にいた新聞記者まで、感動して涙を流してくれてましたね。選挙というのはプロレスのイベントと似たところもありますが、あんな劇的なシーンは作ろうとしても、作れないです」と振り返る。

猪木に押し出される形で、五一番目で涙をのんだのは、後に参院議長を務める扇千景だった。猪木は当選を確実にした後、票を伸ばし、最終的には四八番目の当選。得票数は九九万三九八九票で、目標に掲げていた一〇〇万票に迫る堂々の当選だった。

猪木の参院選初当選は、移住先のブラジルでも新聞各紙に「『ブラジル人』が参院へ」「プロレスの王者が参院へ」などの見出しで大きく報じられた。

いざ、赤じゅうたんへ

八月上旬の臨時国会召集日、猪木は初登院を果たす。国会の玄関前で、報道陣を前にガッツポーズを見せると、参院正面から院内へ。自らの名前が書かれたボタンを押し、バッジを付けられ、政治家・猪木がやや緊張した面持ちで赤じゅうたんを踏みしめた。

これに先立ち、当時の民社党と統一会派を組むことで合意。外務委員会と外交・総合安全保障に関する調査会に所属し、外交を基軸にした議員活動を行う意向を鮮明にした。

猪木は得意のフットワークと人脈を生かし、早速、独自の議員外交を展開する。

「最初はキューバに行きました。確か、国会議員で行ったのは私が初めてだったと思います。どの議員も米国に気をつかって、キューバに行くのを避けていました。外務省に頼らず、カストロ国家評議会議長（当時）を知っている知人のつてを頼り、最初の訪問国として選びました。新人の議員がいきなり単独で外国訪問するのは異例なことでしたが、自分なりの誇りと、『俺なら当然だ』というぐらいのおごりもありましたね」

現地の日本大使からは「猪木さん、カストロさんにお会いするのは大変難しいんですよ。一介の国会議員が会えるかどうかは分かりませんが、私も一生懸命動きます」と牽制《けんせい》された猪木。しかし、滞在数日目にして、議長公邸でカストロとの面会が実現したため、大使はただただ驚いていたという。

「まずは、軍服を着たカストロ議長と握手を交わしました。身長は同じぐらいでしたね。お互い、椅子に座ると、カストロ議長は足をテーブルに乗せ、あくびをしている。彼は私よりも、自分の出身地に住んでいるというスペイン人の女性通訳とばかり話しており『困ったな』と思いましたが、環境問題について話を振ると、話が合いましてね。足をテーブルから降ろして、私の方に身を乗り出すようにして、話し始めました」

首脳外交、閣僚間外交はもちろんのこと、議員外交でも、外務省がセッティングやアテンドを行うのが常識の世界。外務省を頭越しにした「型破り外交」を繰り広げる猪木流は、その後もさらに勢いを増していく。

「一九九〇年三月、ブラジルのコロル大統領の就任式に出席するため、ブラジルを訪れました。式典の時、カストロ議長も近くにいて、挨拶したら向こうも覚えていましてね。嬉しかったですね」

その場で、カストロ議長から再度キューバを訪れるよう要請された猪木は、ニカラグアのオルテガ前大統領、チャモロ新大統領らと会談。メキシコを訪問した後、再びキューバの地を踏んだ。あらためて、カストロ議長と面会し、首都・ハバナにある日本大使公邸で開かれた食事会にも同席した。

「二、三時間酒を一緒に飲みながら、ざっくばらんな会話をしましたね。世界と戦っているリーダーの実像を見ました。そうした大物とお会いして、ざっくばらんな話ができたこと、そこに私なりに外交の本質、というものを見た気がしますし、自分なりに学習ができました。ただ、今になって言えば、もう一生懸命で、緊張してましたよ。一緒に日本食を食べ、日本酒を飲みながら『この食べ物は何だ、あれは何だ』と尋ねられましたね。中でも、シイタケを手にしながら、興味深そうに眺めてました」

その後、猪木はソ連やパナマ、コスタリカなどを訪問。アフリカのモザンビークやソマリアにまで足を延ばした。ソマリアでは「武装勢力の指導者だったアイディード将軍と面会しましたが、そのまま拉致されても、おかしくない状況でした。激しい部族対立、内戦があり、はっきり言えば、恐ろしく怖い世界」の実情を目の当たりにしたという。

第2章 絶対に諦めない

イラク在留邦人人質解放に成功し、
バグダッドのホテルで人質、
家族とともに、「ダーッ！」
（写真＝共同通信社）

一年生議員の成果

一九九〇年八月、イラク大統領のサダム・フセインが電撃的にクウェートに侵攻し、国際社会に大きな衝撃を与えた。国連安全保障理事会は直ちに、イラクに対し、貿易や金融取引を全面的に禁止する包括的な経済制裁を決定。強く反発したイラクは、クウェート併合を宣言、両国に居住していた日本人を含めた外国人の出国を禁じ、主要軍事施設や産業関連施設に「ゲスト」として分散させ、事実上「人間の盾」とし、関係各国を牽制《けんせい》した。

米国が主導して、イラクに対する国際包囲網を着々と築き、米軍は中東地域への軍事力を増強。日本は、多額の分担金を負担するよう要請されたことを受け、国内では激しい論争が巻き起こった。

他方、人質解放に向けた日本政府の動きは遅々として進まず、日本に残された家族らは日に日に不安と焦燥感を募らせていた。

「スポーツ平和党の党首として、現地で何が起きているのか、自分の目で確認したくなった」猪木は、イラク大使館にビザを申請。九月に初めて現地に乗り込み、イラクの要人と会談を重ね、戦争回避と人質の早期解放を訴えた。

その後も二回、イラクを訪ね、人質解放に向けた粘り強い交渉の結果、三回目の訪問で、猪木に帯同してきた家族の人質の解放に成功。一年生議員が成し遂げた成果は、国内で大々的に報道され、帰国時の成田空港には三〇〇人を超える報道陣が集まった。

「イラク各地の戦略拠点に人質として軟禁されていた邦人114人のうちアントニオ猪木（猪木寛至）参院議員に同行して家族がバグダッド入りしていた36人について、イラク側は5日、解放すると発表した。フセイン大統領の長男であるイラク・オリンピック委員会のウダイ委員長が同日夜、同委員会本部で人質と家族一同に面会した際、『父の意向』として人質が妻らと帰国することを認めると述べた。この措置によって残るのは邦人人質78人、在留者119人の計197人となる。猪木議員に同行した人々の中には、人質として拘束はされていないものの出国を足止めされているイラク在留邦人6人の家族もいたが、この日の発表ではこの6人の出国が認められるかどうかは明らかではない。人質と家族は、出国手続きをすませ、6日夜か7日のうちにもイラクを出国、日本に向かうことになる（後略）」

――「朝日新聞」一九九〇年一二月六日

「今でも鮮明に覚えています。誰と会って、何を話したか。細かい話も含めて、本当にしっかりと覚えていますね」

猪木が参院議員を務めた二期一二年で、最大の功績と位置付けても過言ではない「イラクでの人質解放劇」。戦争回避が絶望的な情勢に傾きつつあり、戦争勃発への暗雲が垂れ込める中、多くの日本国民が感動し、心を揺さぶられ、称賛した。

あれから、実に三〇年以上が経過し、若い世代を中心に、その後の「湾岸戦争」自体を知らない人が増えている。

猪木の回想と事実を基に、時系列で振り返ってみたい。

中国でイラク行きを決意

クウェート侵攻から約一か月後の九月、猪木は中国にいた。ハルビンで初めてとなるチャリティーでのプロレス興行のためだ。これに先立ち、駐日イラク大使と面会した。イラク情勢を巡り、いてもたってもいられず、何かのきっかけをつかめればとの思いだったが、駐日大使から、中国にいるイラク大使と是非会ったほうがいいとのアドバイスをもらう。

北京に向かう機内で、当時の自民党の実力者・金丸信《かねまるしん》とたまたま遭遇。初対面だったが、挨拶を交わした後、周囲にお願いして隣の席を空けてもらい、三〇分ほど話し込んだ。

「向こうからすれば『ふざけるな』でしょうね。政治の世界では何の実績もない一年生の若造議員が、何をしゃべるか分からない。でも、イラク情勢についてどうしても尋ねてきたかったんです。

金丸さんは『米軍による軍事的解決やむなし』との反応でした。当時の日本国内は、武力行使容認論が主流でしたからね。私は『何があっても、戦争だけは反対だ。どんな理由であろうと認められない。平和的解決が望ましい』との意見を伝えました。最後まで話を聞いてくれていましたが、まともに扱われた気はしませんでした」

中国では、まずイラク大使と会談。イラク側は米国に追随する形で、国連制裁決議に基づいて行動している日本への失望を表明するとともに、世界平和のために日本が重要な役割を果たすべきとの認識を示した。

そして、猪木に対し、イラクを直接訪れることを提案した。

続いて、中国副首相と会談し、中国側は「イラクのクウェートからの即時撤退を要求し、平和的な話し合いによる解決を希望する」との見解を表明した。中国がどう動いていくか、今後の対応を確認したかった猪木にしてみれば、やや肩透かしに終わった会談だった。

中国でイラク大使に背中を強く押された猪木は、ひとりイラク行きを決断する。

「誰も動けないし、国連も手をこまねいている、だったら俺が動くしかないと直感で思いました。いつも通り、物事を決めるのは直感です。行く人がいないのなら、俺が行くしかない、もう単純な発想です」

日本に戻り、猪木はイラク大使館を訪れ、ビザを申請。日本の国会議員で申請したのは猪木が初めてだった。特に支障なく、ビザが下りて、急いで調達した医薬品や食料品を積み込み、九月の中旬、ヨルダンの首都アンマンなどを経由して、イラクに乗り込んだ。

「初訪問の時、新聞なんか読んでる暇はなかったけど、だいぶ批判されていたとのことは後から知りました。でも、新人議員だからと言って、別に卑下するわけではありませんが、じゃあ、俺たちは何をすればいいのか、と。そういう思いでしたね」

そして、到着翌日から、イラク政府首脳との会談が続々とセットされていく。

ひたすら話を聞く

「最初は、いきなり飛び込んじゃったから、大騒ぎになりました。日本のマスコミがアンマンにいて『フセイン大統領といつ会うのか』だの『人質は何人連れてくるのか』だの、こっちだって分からないような質問を矢継ぎ早にしてきました。イラク側の飛行機じゃないと行けないので、それに乗ってバグダッドに入りました。イラク政府の人が迎えに来てくれていました」

最初に面会したのは、イラク国民議会のサレハ議長だった。会談が始まるなり、議長は三〇分間にわたり、米国と日本両国の対応を非難、日本は米国に追随するのではなく、大国ゆえの国際的役割を果たしてほしい、親日的だったイラクだが、米国の方針に従っているだけの日本に失望しているなどと一方的にまくしたてた。

ひたすら続く話を聞き終えた猪木は、自分は政府を代表しているのではなく、一議員としての立場で来ていることを説明し、自らの範囲でできることを可能な限り実現させるとの意向を示した。イラク側の言い分や主張を日本にも伝えることを約束した。

会談の途中、イスラム圏で語り継がれている伝説の格闘家、ジュネード・バグダディーの話が持ち上がり、彼を尊敬していることを伝えた猪木に対し、サレハ議長は「私は彼の子孫なのです」と応じ、一気にムードが和んだ。

そのタイミングを見て、猪木は現地の日本大使館関係者から受け取っていた、優先的に早期解放が必要な病人と高齢者計一六人のリストを手渡した。

会談を終えた猪木は、サレハ議長が好印象を抱いてくれたとの手応えを感じ、好感触で会談場所を後にした。この時の猪木の「直感」が数か月後、功を奏することになるとは、この時点で誰も分かっていなかった。

その晩、日本の政治家・アントニオ猪木がイラクを訪問し、サレハ議長と会談したニュースはイラクのテレビニュースで大々的に取り上げられていた。

「その時、俺はまだリングに立っていましたから、コンディションだけは整えなければいけないんで、ランニングをしようと思いました。バグダッドに入るなり『外に出るのは気を付けてください。カメラで写真を撮るのも駄目です。危ないですから』どうのこうの言われましたが、そんなのは無視して、会談翌朝、ホテルの周りをランニングしたんです。すると、現地の取材陣がたくさん寄ってきて、取材が始まりましてね。大変でした。

私がランニングしたニュースは、その日の午後には放映されて、すると、市民はみんな私のことを知るようになる。翌朝、また走っていると、車に乗っている人たちがクラクションを鳴らしたり、手を振ってくれたりして、私に挨拶してくれました。さらには『これ食べろ、あれを持ってけ』と市民が、私の手を引っ張るんですよ。夏目漱石だったかな、日本の小説家の本を渡そうとした人もいましたね。もう、バグダッド中のみんなが知っているような印象を受けました。これだけの人が期待してくれていることが分かると、高まる人気とその責任をあらためて痛感しました」

猪木によれば、モハメド・アリと戦った男がイラクに来ているという、その知名度が大いに役立った。戦争回避を期待する市民の思いを汲み取ったという。そのために、はるばる日本から訪れた国会議員の役割に懸ける期待の重みを感じざるを得なかった。

フセイン大統領長男らと会談

サレハ議長と会談した後、猪木はフセイン大統領の長男でイラク・スポーツ委員会委員長のウダイ・フセインと面会した。イラクのオリンピック委員会委員長も兼ねており、スポーツにまで話が広がった。さらには、同国ナンバー2にあたるラマダン第一副首相とも会談、一連の会談を通じ、イラク側が日本に対して、期待している印象を感じ取った。

ラマダン第一副首相との会談後、猪木は「イラク国内にいる邦人の安否について、日本人の素直な気持ちを伝えた。『よく分かった』と答え、最大限の努力を約束してくれた」

「ラマダン第一副首相は『当然人道的に解放されるべきで、お話は分かりました。約束します』と語った」などと記者団に述べ、サレハ議長に手渡した一六人の早期解放者リストの実現について、前向きな姿勢を表明したことを明らかにした。

滞在中、猪木は在イラク大使館、現地の日本人会を訪問・交流し、同じ日本人が訪ねてきたということで、大いに歓迎された。日本人会との歓談では、用意してくれたなけなしの日本食を食べながら、様々な話をし、会は深夜にまで及んだ。

一方、ある政府要人との会談で、プロレスを含めたイベント「平和の祭典」の開催を提唱し、イラク側は前向きに対応することを約束した。

「約一二〇〇年前、バグダッドは、平和の町を意味する『マディーナ・アッサラーム』と呼ばれていたと聞きました。そこから世界に向けて、平和の必要性を訴えませんか」

提案に関心を寄せたイラク側は「どういうことか」と尋ねてきた。

スポーツと芸能を組み合わせたイベントをバグダッドで開催し、世界に向けて平和を呼びかけるとの内容を説明すると、イラク側は「是非、実現しましょう」と前のめりになった。

「もう、直感ですね。平和の町というのであれば、平和を世界に訴えましょうと。誰もが戦争なんか望んでないですよとも伝えた。振り上げたこぶしを下げるのは、大国だろうと、小国だろうとお互い大変です。『外交に勝利なし』とよく言いますが、あの時点では落としどころは見えていませんでした。政治の世界に片足を突っ込んだ私なりに、究極の平和とは何か、何ができるのかと考えて、提案しました。その時は、もう無我夢中ですから、理屈などはあまり考えません」

強く所望していたフセイン大統領との面会は叶わなかったが、次々と政府要人との会談のアポイントメントが入っていく猪木の獅子奮迅ぶりに、現地大使館をはじめとする在留日本人社会は喜びながらも、一様に驚いていた。

激しいバッシング

しかし、一定の成果を挙げたとの手応えを得て、日本に戻った猪木を待ち構えていたのは、政府や国会議員、メディアによる激しいバッシングだった。

「政治家って何だろう、ということを考えましたよね。要するに、自分ができることは何なのかと。それぞれの役割があると思います。じゃ、俺は何をするか。それはやはり、身体を張って、人生を生きてきたので、それを貫くということです。

政治家というバッジを付けた以上、それを武器にした戦い方とは何か。俺が自民党の一年生議員で、雑巾がけから始めたら、単独でイラク訪問なんて、絶対できるはずがありません。野党議員で、自分の名前がある程度通っている俺だからこそ、自分しかできないことをしっかりと分かり、そういう自分を持っていようと思いましたね」

猪木に対し「売名行為だ」「政府の足を引っ張っている」などの批判が寄せられた。平和の祭典実現に向け、現地の日本企業からは協力姿勢が得られていたものの、日本の本社は反応が悪い。猪木によれば、外務省が各企業に「猪木に協力するな」という旨の圧力を掛けていたといい、実際に外務省は、日本政府の立場を明示した通達を出していた。

他の国会議員なら、この時点で諦めたり、中止したりするところだろうが、猪木は違った。後に、いわゆる「猪木語録」で語られる「猪木の常識、非常識」ならぬ、永田町の論理は猪木には通用しないどころか、逆にエンジンがかかることになる。

そして猪木が抱いた「この野郎との思い」が、いずれ、外務省の想定をはるかに超えた成果を挙げることに繫がっていく。

そんな四面楚歌状態でもあった猪木のもとに、イラクで人質になっている家族、妻たちが決死の思いで訪ねてきた。「夫を何とかして助けたい」「会いに行きたい」「直接取り戻しに行きたい」との訴えに対し、政府や外務省、国会議員、さらには所属企業ですら、まともに応じなかった。猪木がイラクに渡航し、「平和の祭典」を開催することを知った彼女たちは、国会裏の議員会館にある猪木事務所を訪れ、それぞれが強い思いを猪木に伝えた。

猪木もイラクで見聞きしたこと、経験したことを彼女らに伝えた後「一緒にイラクに行き、取り戻しましょう」と誘うと、誰もが応じたという。

彼女らの期待を新たに背負った猪木は一〇月下旬、再びイラクの地に足を踏み入れる。

解放サインを見逃さず

国会では、米国主導で次々と増強される多国籍軍への支援に向け、自衛隊の派遣を盛り込んだ「国連平和協力法案」を巡り、侃々諤々《かんかんがくがく》の論議が行われていた。法案は最終的に廃案となったが、後の宮沢喜一内閣で一九九二年に成立した国際平和協力法、いわゆるPKO法の流れに繋がっていく。

猪木は国会開会中、二度目のイラク入りを果たす。初訪問の際、最初に会談したサレハ議長と再度顔を突き合わせ、先の会談で示した最重要解放リストに載っている人質の早期解放を迫った。あわせて、人質の妻たちにビザを発給するよう要請、平和の祭典の際に、彼女たちと一緒に、再びイラクを訪れたいとの意向を示した。

「『もし、人質の奥様方が一緒に来たら、迎えてくれますか』と尋ねました。すると『ああ、その時に一緒に帰れたらいいですね』と漏らした一言をしっかりと捉えましてね。ほんとに言葉の機微ですよね。これは、もう直感力みたいなものです」

猪木の直感が見出した、イラク側が示した人質解放へのかすかなサイン。言葉の端を捉え、人質解放の可能性がわずかながら見えてきた言動を、猪木は見逃さなかった。

二回目の滞在中、フセイン大統領が「平和の祭典」の開催を正式に許可し、一二月初旬に二日間かけて実施することでイラク側と合意した。猪木は開催決定後「チャーター便でのイラク乗り入れを計画している。サレハ議長からは、家族へのビザ発給について、確認が得られた」と述べた。

日本に戻り、猪木は「平和の祭典」開催に向け、大車輪で準備作業を進めた。人質の家族をはじめ、レスラーや歌手、柔道などの選手ら総勢二〇〇人が乗り入れるチャーター便の調達も進めたが「政府の横やり」が入り、難航。難産の末、何とか実現にこぎつけた。

バグダッドで平和の祭典

「飛行機をチャーターしないと、奥様方を連れて行けないので、遠戚のおじが全日空の副社長をやってたこともあり、チャーターをお願いしたところ『機種がないから出せない』と。そして、日本航空も当然駄目でした。いずれも当初は協力的でしたので、その後、何が起きたかはもちろん、想像がつきました。途方に暮れかけましたが、ある人を思い出しました。

以前、都内のパーティーで立ち話をしたトルコの大統領に対し『何かあったら協力をお願いしたい』と伝えたところ、大統領は『それはすごいことだ。我々ができることならば協力するよ』と言ってくれました。トルコ側とすぐ連絡を取り、チャーター機を手配するよう依頼すると、快諾してくれました。飛行機代やら、細かい話はすっ飛ばして、とにかく決めなければいけませんでしたから」

猪木によれば、政府の圧力を受けた航空会社側が、協力を拒否。人質が所属する企業の中にも、社員の妻のイラク渡航を禁じはしないが、勧められもしないとの姿勢を取るところが目立った。外務省もイラク行きに難色を示した。それでも、猪木に共感した夫人たちの動きを止めることはなく、同行した四二家族四六人を乗せるトルコ航空のチャーター機はいったん日本に来てから、一行を乗せて、イラクに向かった。

一行は、平和の祭典開催前日にバグダッドに到着。国賓級のゲストが招かれる迎賓館に案内された猪木は、スポーツ委員会のアリ・トルーキー副委員長と食事をともにした。過去二回のイラク訪問と異なり、二〇〇人規模を引き連れて乗り込んだことに対する歓迎と、イラク側がこのイベントに懸ける熱意と期待をあらためて痛感したという。

猪木はその後、イラク側のレセプションに参加、七人の閣僚が居並ぶのを前にして、戦争回避、平和の必要性を訴えた。その後、人質と家族が面会できたとの知らせが届いたのを受け、その場に出向き、喜びを共有した。

平和の祭典自体は、約三五〇〇〇人の観客を集めて、バグダッド市内のスタジアムなどで開催された。人質も家族との観戦が監視付きながら許された。プロレスのほか、サッカーの試合、日本や米国の歌手が参加したコンサートなどが行われ、イラク全土にテレビ中継された。新日本プロレス所属のレスラーや、芸人の河内家菊水丸《かわちやきくすいまる》、ミュージシャンのジョニー大倉らが参加し「大成功に終わった」。

猪木によれば、イラクには大物右翼も同行していた。「佐川急便の佐川会長から『日本を愛する気持ちは一緒だから』と言われて頼まれました」と背景を説明。また、後に飛行機のチャーター代七五〇〇万円について、佐川急便サイドから援助があったことを明らかにしている。

急遽滞在延長

猪木は、平和の祭典での試合に出場せず、政治家としての職務に努め、人質解放にすべての力を注いでいた。三回目となるサレハ議長との会談に臨んだが「まだ話し合いを重ねなければならない。もう少し時間がかかる」として、早期の解放は難しいとの回答しか得られなかった。続いて、ウダイ委員長とも面会し、解放を強く要請したものの、前向きな成果がないまま会談は終了した。

翌日の一二月四日には、チャーター機でイラクを離れなければならず、焦りの色を濃くした猪木に対し、ウダイ委員長は「大統領に手紙を書きなさい」と助言した。ホテルに戻った猪木は午前四時までかけて、人質解放と成功裏に終わった平和の祭典がもたらした意義を盛り込んだ、フセイン大統領あての書簡を書き上げ、大統領の秘書に手渡した。

書簡に一縷《いちる》の望みを託した猪木は、いったんは搭乗手続きまで済ませて、帰りの機内にまで乗り込んだ。しかし、在留日本人会の説得を受け、出国を取りやめ、予定通り帰国しなければならない事情を抱えた一部を除く大半の家族とともに、滞在を延長することを決断。イラク側の態度が軟化するのを期待しつつ、大統領との会見実現を目指し、交渉を粘り強く続けることにした。イラク側は、猪木と家族らの滞在延長を難なく許可したこともあり、猪木側にはわずかながら希望も出てきた。

「とにかく、無我夢中でした。偶然というか、必然というか、自分の役割というか。計算なんか抜きの世界でしたね」

これには余談がある。

「今でも残念なのが、フセイン大統領から刀のような高級な贈り物をもらいましてね。ちょっと見ただけでも、すごさが分かるようなもの。黄金の柄がついているような刀でした。

まるで、『アラビアンナイト』に出てくるようなものです」

「それを預け入れ荷物として載せ、俺も一度飛行機に乗ったんですが、手荷物を持って、降りたんです。そうしたら、その刀だけは降ろされないまま、飛んで行っちゃったんですよね。その刀はその後も見つからずじまいです。今考えたら、惜しいことをしたなと」

人質解放

膠着状態が続く中、イラクの平和友好連帯協会のサルマン議長が五日、人質の家族たちを集めた会合で、解放を示唆するような発言を繰り返した。その後、ウダイ委員長との面会が急遽決まり、向かったバグダッド市内の会場で、ウダイ委員長が人質と家族を前に切り出した。

「父である大統領の特別令により、皆さんは奥様方と一緒に帰国できることになりました。戦争をしたくないので、長い間ゲストとしてイラクにとどまってもらいまして、申し訳ありませんでした」

三六人の解放が決まり、一斉に歓声を上げ、拍手する人質とその家族。歓喜に包まれた知らせは、ホテルに待機していた猪木にも即座に届けられた。八月以来、イラク国内に軟禁されていた人質が約四か月ぶりに解放されることになり、そのまま日本に帰ることが決まった瞬間だった。

新人議員ながら、九月以来三度にわたりイラクを訪れ、地道に培ったパイプを使った交渉がようやく実を結び、猪木は、ようやく肩の荷が下り、心底ホッとした気分だった。

「大勢の報道陣がいる中、ホテルの一室で家族や人質と面会し、全員で万歳をしました。あのシーンは脳裏に刻まれています。人がやらない、できないことへのチャレンジを続けてきた結果、解放に至りました。男冥利に尽きるし、とにかくありがたかった」

その日、夜遅くまで、皆と語り合い、感動を共有した猪木。当時の感激を、猪木は「あの日のことは生涯忘れることはありません」と、三〇年以上が経過しても、力強く語る。

七日、フセイン大統領は外国人人質の全員解放を提案、イラク国民議会は可決した。猪木は特別ゲストとして演説に臨み、平和の祭典を成功させたことを念頭に「平和を愛する世界の声をイラクの皆さんに届けることができた。人質解放の決定を支持し、イラク国民の平和を愛する声を世界に届けたい」と述べると、大きな拍手を浴びたという。

一行を乗せた日航特別機は日本人人質解放決定から四日後の一二月九日、成田空港に到着。史上空前の三〇〇人もの取材陣が集まり、空港では出迎えた家族や会社の同僚らとの再会劇がそこかしこで繰り広げられた。

「人質となったご主人たちは、日航や商社の方が多くて、あの後、機内で声を掛けられることがたまにありました。日航の客室乗務員から『帰国の特別機に、私も乗ってたんですよ』なんて言われたこともありますね。何年か前、道を歩いていたら、向こうから走ってきて、挨拶をしてくれた元人質の方もいました」

「無我夢中だったと言いましたが、私にとってはすべてが自然体でしたね。そんな大事な役割を俺がもらっていいのか、というような思いでしょうか。特に頑張ったという記憶はないんですが、諦めようと思ったことも絶対になかったですね」

日本中が驚いた、新人議員が成し遂げた解放劇。だが、イラクの件に限らず、外交を軸に据えた政治活動について、引退した今だからこそ語るかのように、もう少し別のやり方もあったのではとの思いを吐露する。

「イラクで会談を重ねた要人たちについて『すごい人なんだ』と思っていたら、なかなか面と向かって話をしにくかったんだろうけど、あまり気にしてませんでしたよね。だから、突っ込んで行けたのかもしれません。あるがままの態度で話をしてね。

自分なりに分析すると、このキャラクターがそういう意味では得してるっていうかね、だって、悪者には見えないでしょ、どう見ても（笑）。で、相手と話しているうちに、計算もない部分が、相手に見えてくるのかなと思います。ひとつの枠があって、人はやっぱり常識内で生きているんだろうけど、私の場合、常識というものをぶち破ってしまう。そういう意味では、もうちょっと私にも、いい親分がついてくれて、うまく動かしてくれるようなことがあれば良かったな、とも思います。外務省があるからどうしても難しいとは思いますが、猪木流の外交をしてきたけど、政治家の親分がいれば、もう少し平和外交というのが展開できたのかと思うことがありますね」

そして、新人議員が「快挙」を成し遂げた背景には、プロレスラー議員への偏見、プロレスを馬鹿にする見方に対する強い反発、反骨心があったことを明かした。

「プロレスを馬鹿にする世間、風潮と長年、ずっと闘ってきましたから。振り返ってみると、イラクのインパクトがやはり強すぎますよね。政治家冥利に尽きるというか。

ただの一年生議員が、パフォーマンスでも何でもない、自分の体を張って、体ひとつで乗り込んで、一生懸命無我夢中に取り組んだ。俺しかできない、俺以外、誰もできるはずがない役目だと信じていました。首相官邸や外務省、自民党や大物議員、時には世間を向こうに回して、よくもまあ、潰されなかったなと思いますよ」

空爆下での最後の訪問

人質解放から約一か月後の一九九一年一月一七日、フセイン大統領がクウェート撤退を拒み、米国を中心とする多国籍軍はイラクへの空爆を開始。湾岸戦争が勃発した。

猪木は、和平の道を探ろうと、戦時下のイラクへ四回目の訪問を決意し、イタリア経由でイラク入りすることを計画。隣国イランの外相に許可を求め、ビザと通行許可を取った。

以前、イタリアのテレビ番組に出演した際、イタリアに多い名前であるアントニオの由来をめぐり「イタリア系ですか」と尋ねられ「そうでしょう」と答えた。それがきっかけで、イタリアでは猪木の知名度は高く、人気もある。イタリアを訪れた時には必ず顔を出すレストランの主人も猪木ファンで、イラクに行くことを聞いた彼は、食料がたくさん入ったカバンを猪木に渡した。

イランを訪れたが、現地の日本大使館の協力は得られなかった。ただ、大使館の若手職員らがこっそりとカップラーメンを手渡してくれた。これが後々、助かることになる。

イラン・イラク戦争が行われた国境付近をレンタカーで越え、イラク国内に入ったものの野宿を余儀なくされた。現地の人に持っていた水をあげる代わりに、お湯を沸かしてもらって、そのお湯でカップラーメンを食べた。

二月一九日、イランから陸路で戦時中のバグダッドに入ったものの、チェックインしたホテルは電気が止まり、極めて劣悪な環境だった。連夜、多国籍軍の空爆が続き、大きな衝撃音が響く。戦争の実態を目の当たりにした猪木は、悲惨な光景を目に焼き付けつつ、要人と会うべく交渉を続けた。

だが、戦時中のイラクに、過去三回の訪問時ほどの余裕があるはずもなかった。サレハ、ラマダン、ウダイらとの面会を模索し、停戦への道を探ろうとしたが、結局誰にも会えないままだった。四八歳の誕生日となる二月二〇日を現地で迎えた際、猪木ファンだったホテルのコックが食材を工面し、焼きそばを作ってくれた。そして、二二日にはイラクを後にせざるを得なかった。

ブッシュ米大統領は二月末、戦争の終結と勝利を宣言。湾岸戦争は終わった。

「外務省は反省を」

人質解放を終えて帰国した猪木は一二月一七日、参院予算委員会で質問に立ち、人質家族のイラク行きを自制するよう求めた政府、外務省に対し「いろんな批判が高まっているが、この声を謙虚に聞き、今後の日本の政府のあり方、外交のあり方にひとつ反省をしていただきたい」と注文を付けた。新人議員ながら、政府に頼ることなく一定の成果を出した直後だけに「勝利宣言」の様相だった。全体を振り返りながら、ところどころに猪木なりの所感が込められており、分かりやすくまとまっているので、紹介したい。

「百聞は一見にしかずということで、私は三度イラクに参りました。その中で一番びっくりしたことは、日本における日ごろ私どもが聞いている情報と、現地に入ってみてこれほどにも情報が違うのかということ。（中略）日本がアメリカの顔色をこれほどまでにうかがわなければならないという外交方針、これはよくわかりました。そしてまた、各省庁と企業との関係におきましても、大変これは私体験しまして、それ以上は申し上げません。

そういうことで、私どもが平和を掲げ、平和のイベントをイラク政府に提唱したわけですが、一番大事なことは、外交というのはやはり心と心が触れ合う、外交という字のごとく外と交わる。交わらずしてどうして外交ができるのか。私も素人外交ということで大変批判を受けております。

まだまだ足りませんので勉強もさせていただきたいと思いますが、しかし今回私が提唱したイベントに参加してくれた多くのアメリカの人たち、そしてまたこのイベントに日本からも多くの人が参加してくれました。そして、特に奥さん方がいろんな障害を乗り切って勇気ある行動をとってくれた。そして、民間外交の役割を立派に果たしてくれた。それがイラクの人たちの心を開いたと私は確信しております。そして解放と、また人質全員解放につながったんだと私は思っております。

そして、総理が申しているような中東貢献策、また日本の役割ということで、私は（台湾の）蔣介石《しょうかいせき》総統の言葉である『政府あるいは指導者というのは往々にして間違いを起こすかもしれない、しかし国民は絶対に間違いを犯しません』という言葉を思い起こしました。今本当に国民の叫び、怒り、これは政府にあるいは総理に我々の声を聞いてほしいという本当の声だと思います。

今政府、外務省にいろんな批判が高まっておりますが、どうぞこの声を謙虚に聞いていただいて、今後の日本の政府のあり方、外交のあり方にひとつ反省をしていただきたいと思います」

第3章

挫折は糧になる

江本孟紀とともに、渋谷で選挙戦の第一声を上げる
（写真＝山内 猛）

恩讐から都知事選出馬を模索

イラクでの人質解放劇から二か月後の一九九一年二月、猪木は参院議員を辞職し、間近に迫った東京都知事選に出馬する意向を突然表明した。三期一二年務めていた鈴木俊一の四選を阻止すべく、自民党幹事長の小沢一郎が元NHKキャスター磯村尚徳の擁立を進めていることを知り、猪木が素早く反応した。

これには解説が必要だろう。『アントニオ猪木自伝』によると、猪木の誇りであるモハメド・アリ戦を巡り、磯村が当時担当していたニュース番組で取り上げた際「こんなものはNHKで取り上げるまでもありませんが」と発言したとのこと。以来、猪木周辺はずっと磯村を恨んでおり、猪木もその意を汲んでということだった。

「何というか、はっきり言えば軽はずみと言いますか、都知事選に出馬するということに、どれだけ重みがあるのかということを、軽く考えていました。もし、やる以上は勝たなければいけないんだけど、『当選しなくてもいいや』という自分もいました。その際は、アメリカに行って、勉強し直そうとか考えていました」

イラクの実績があり知名度抜群の猪木の立候補表明に、小沢をはじめとする自民党は危機感を募らせ、磯村を当選させるべく、何とかして猪木を引きずり降ろそうと画策を始めた。一年生議員として独自の議員外交に取り組み、一定の成果を出した猪木が、政治の現実に巻き込まれ始め、いわゆる「永田町の論理」に抗えなくなっていく過程の始まりである。以後、猪木の周辺が次第にきな臭くなっていく。

磯村は自民、公明、民社各党の要請に応じ、出馬を受諾。猪木包囲網が着々と築かれた。最終的に、猪木は三月中旬、もともと深い面識があった元首相の福田赳夫から「国会議員に立候補した時の原点に戻って、今後も国会議員として活動しなさい」と説得されたのを受け、出馬しない意向をまたしても突如表明した。福田の実弟は、猪木の後援会会長を務めていたことがあり、猪木の政界入りを支えた経緯があった。

翌年、自民党副総裁の金丸は地元・山梨県の民放テレビ局のインタビューで、猪木と小沢、東京佐川急便の社長を務めた渡辺広康の四人で会合を持ち、猪木に不出馬を検討するよう要請したことを明らかにした。

一方、猪木は「出馬断念にあたり、自民党サイドから二七億円をもらったとの記事をスポーツ紙に掲載された」などとして、政治評論家を相手取った損害賠償訴訟を起こし、一審では猪木側が勝訴した。

猪木は「俺の出馬表明をおろしたことにカネが動いたという、スキャンダルをぶつけられました。カネなんか一銭も動いていないし、もらってません。政治の世界であれば、当然そういうおカネが動くんでしょうけど、俺にはそういうのはありません」と否定する。

都知事選は、鈴木の四選を支持した自民党東京都連と、磯村を擁立した自民党本部の対立が続き、保守分裂のまま選挙戦に突入。強引に磯村を担いだ小沢に対する剛腕批判も高まり、鈴木が大差で勝利した。小沢は責任を取り、幹事長を辞任した。

ワイドショーの餌食に

都知事選騒動とは別に、以後、猪木に次々とスキャンダルが浮上、高い知名度を誇る猪木は民放各局のワイドショーや週刊誌の恰好の餌食となっていく。

税金滞納疑惑、ピストルを密輸入したとの疑惑、脱税疑惑……。

猪木は「人は人に支えられて生きていくが、参謀というか、支える人たちの質が悪かった。俺は秘書に恵まれなかったんです。政治家は万能じゃないから、秘書が万能じゃないといけないんですが」と言葉少なに語り、当時の秘書が一大スキャンダルの火種になったことを強調した。

一方で「もう悔いはありませんが、俺の場合、自分が走ることに精一杯で、もうちょっと横を見てあげる余裕があったら（結果も）違ったのかなとも思います。ただ、途中から彼らに、ジェラシーが出てきてしまったんです。誰が良い悪いはどうでもいいんですが、余裕とジェラシーは別ですからね。ジェラシーなんて、自分自身で考えもしなかったです」とも述べ、自らの監督責任もある程度認める。

元秘書側は一九九三年六月、公職選挙法違反などの疑いで猪木を告発。猪木はスポーツ平和党の党首を引責辞任した。その後、東京地検が「事実を確認できなかった」として不起訴処分にしていたことが一九九四年二月になって判明した。

猪木はその直後、新日本プロレスのリングに立ち、引退に向けたカウントダウン興行を始める方針を表明。同時に「昨年、疑惑騒動でプロレスファンに大変迷惑をかけたが、新聞報道にあるように、一連の疑惑について決着が付いた」と自ら明かした。

さらに語る。「プロレスラーじゃなかったら、もっと違った、ひとつの大事業を成功させたんじゃないかと思いますが、レスラーという意識があると、どうしても人任せになるんですよね。猪木は計算も何もしないと。計算していれば『もうちょっとおカネも残ったのに』なんて言われます。そんなことは気にもしませんけどね」

猪木は自伝で、スキャンダルが盛り上がっていた当時の心境を吐露している。

「あのスキャンダルが一番加熱していたとき、私は外に出るのが怖かった。ある日、勇気を出して外に出てみた。石をぶつけられるか、罵倒されるか……。しかし、歩いていると多くの人たちが寄ってきて、『頑張って下さい』『あんな奴らに負けないで下さい』と声をかけてくれたのだ。

信じてくれない人たちに、理解してもらおうといくら藻掻《もが》いても、結局は無意味なのかもしれない。わかってくれる人はわかってくれている。それが一筋の救いになった」

二期目は落選

猪木がスポーツ平和党の党首を辞任したことを受け、党首代行を務めたのは元プロ野球選手で参院議員の江本孟紀だった。江本は猪木が当選した三年後の参院選で、スポーツ平和党から比例で出馬し当選。以後、二人三脚でミニ政党の党運営を進めてきた。

ところが、江本が党の財政支出などを問題視して、参院選で再選を目指していた猪木を批判。スポーツ平和党の内部がぎくしゃくし始めた。

自身のスキャンダルに見舞われ、党の信頼も失墜する逆風の中、猪木は一九九五年七月の参院選に、スポーツ平和党から比例選挙区に出馬したものの落選。獲得した票は五四万一八九四票にとどまり、一〇〇万票近くを得た六年前の初当選時と比べ、大幅に票を減らす、惨敗だった。かつて猪木の付き人を務めたプロレスラー髙田延彦を副党首に、元プロ野球選手の小林繁を党首とした「さわやか新党」との間で、プロレス票が分散したことも敗北の要因に挙げられた。

「忘れもしませんが、東京・渋谷で、俺が街頭宣伝車でしゃべってると、その倍以上のボリュームを上げて（髙田らが）邪魔したんですよね。そういうひとつの礼儀というのが欠けていたのではないでしょうか。選挙に出るというなら、一言挨拶があっても普通はおかしくない。格闘技は礼に始まり、礼に終わるという側面がありますが、そういうことを平気で欠いていた。誰が仕掛けたのか知りませんが、有権者はスポーツ平和党とごちゃまぜになったと思います。憶測になりますが」

第4章 夢を持ち続けよ

引退試合で、
モハメド・アリから花束を贈られる
（写真＝山内 猛）

「二度とやるまい」

二期目を目指した参院選で、得票をほぼ半減し落選、バッジを外し、国会からの退場を余儀なくされた猪木。政治の表舞台からの撤退は、当然ながらショックだった。

「もうあの時は、二度と政治に戻るまいと思いましたね。若者の反応は極めて良かったんですよ。新橋だろうが、どこに行こうが、五〇〇人、一〇〇〇人はすぐに集まってました。自分なりのパフォーマンスだけでなく、イラクでの実績などもありましたが、何で、ああなっちゃったのか、と。政治という立場に立って、国民、特に若い人たちにメッセージをきちっと届け、送ったつもりだったのですが。『世の中があまりにも軟弱になったのだ』という風に考え、気持ちを切り替えるようにしました」

「ただ、これは負け惜しみではありませんが、再選を果たしていたら俺もロクなものにならなかったとも思います。（初当選直後は）別にバッジを付けることが、どうこうとは思っていませんでしたが、やっぱり、あの世界にいて、バッジを付け続けていると、みんなが寄ってきて、いつの間にか偉くなってしまったり、自分を見失ってしまったりする。

負け惜しみではなく、再選していたら、自分自身がもっと小さくなっちゃったかもしれません。そうならなかったし、そうならないためにも、今日この歳を迎えても、夢を追い続けられる自分でいられるというのがあります」

後で触れるが、現職国会議員の立場を失い、民間人となって訪れた北朝鮮で、先方の対応が次第に冷ややかになり、ついに啖呵を切った記憶。脈々とパイプを築いたはずの国で受けたまさかの冷遇。「途中はいろいろあったけど、最後はちゃんとした扱いをしてくれました」というものの、思わず受けた屈辱を、その後も忘れることはなかった。

落選して、猪木寛至参院議員（当時は本名で議員登録していた）でなくなっても、アントニオ猪木に戻ればいいだけで、仕事はいくらでもあったものの、やはり国会議員という肩書き、地位が惹きつける力、政治の世界に充満する魔力。

そうした思いが再び抑え切れなくなり、猪木を政治の世界に引き寄せることになるとは、まだその時点で、本人が知るはずもなかった。

マット界から引退

政界入りしてからは「片足しか突っ込んでいなかった」プロレスの世界に舞い戻った猪木は、消えかけていたプロレスへの情熱を取り戻そうとするが、体力的な衰えもあり、心は現役引退に傾いていた。

一九九八年四月四日午後四時。東京ドームにプロレス史上最高の七万人の観客を集めて、プロレスラー・アントニオ猪木の引退試合が開催された。トーナメント形式で勝ち上がってきた米国人選手を相手に、五五歳の猪木は延髄斬りなどの得意技を繰り出しながら、グラウンド・コブラツイストにて五分余りでギブアップに追い込み、勝利し、三八年の歴史にピリオドを打った。

試合後のセレモニーで、引退挨拶の後、自らの人生そのものという詩を読み上げた。


「私は今、感動と感激、そして素晴らしい空間の中に立っています。心の奥底から湧き上がる皆様に対する感謝と熱い思いを止めることができません。いよいよ、今日でこのガウンの姿が最後となります。最初にこのリングに立った時は、興奮と緊張で胸が張り裂けんばかりでしたが、今日はこのような大勢の皆さんの前で、最後のご挨拶ができるということは、本当に熱い思いで言葉になりません。

私は、色紙にいつの日か『闘魂』という文字を書くようになりました。それを称して、ある人が『燃える闘魂』と名付けてくれました。闘魂とは己に打ち克つこと、そして闘いを通じて、己の魂を磨いていくことだと思います。最後に私から皆さまにメッセージを送りたいと思います。人は歩みを止めた時に、そして、挑戦を諦めた時に年老いていくのだと思います」

この道を行けば
どうなるものか
危ぶむなかれ
危ぶめば道はなし
踏み出せば
その一足が道となり
その一足が道となる
迷わず行けよ
行けばわかるさ

ある全国紙は、晴れの舞台を見届けようと米国から駆け付けたモハメド・アリと猪木が握手をするシーンの写真を付けて、社会面で大きく取り上げた。ひとつの時代が大きく転換していく瞬間だった。

米国に移住

引退後、猪木は米国移住を決意し、すかさず行動に移した。当初は西海岸のロサンゼルスに居を構えた後、東海岸・ニューヨークに移り住んだ。都知事選への出馬騒動時、「負けたら、（若手レスラーとして武者修行をしていた）アメリカにもう一回行って、勉強し直そうとも考えていた」との思いを実現した形でもある。

「いずれは、アメリカに行きたい、アメリカで生活したいと思ってました。以前、インターナショナルスクールを作ったぐらいですから、息子にとっても英語教育は大事だなと思いましてね。アメリカで本場の英語を学ぶか、日本の学校で学ぶかと考えましたが、本場で習ったほうがいいと考えました。家族に『行こうよ』と言ったら、非常にサバサバしながら『じゃ行こう』と。

そして、永住権（グリーンカード）を取ろうとしたんですが、これもラッキーなことに、向こうで手続きをしてくれた弁護士と、許可を担当する移民当局の人がどちらも私のファンでしてね。わずか一〇日間で取れたんですよ。こんな話をすると『非常識極まりない、ふざけんなよ』と怒る人もいると思いますが」

猪木がその時点で訪れていた国は、北朝鮮とイラクはもとより、イランにキューバ、さらにはソマリアなど米国との敵対関係にあるか、関係が良好でない国ばかり。提出した書類の中には、異種格闘技戦で相まみえたモハメド・アリの推薦状も添えたという。

ニューヨークでは、マンハッタン内で四、五回引っ越しを繰り返し、セントラル・パークを眺める高層アパート（日本のマンションにあたる）や、マンハッタン西側を流れるハドソン川近くなど転々としていた。

話は脱線するが、筆者が二〇一七年末、配偶者の海外赴任に同行するため会社を休職し、ハドソン川対岸のニュージャージー州に転居する直前、マンハッタンでフグが食べられる日本料理店や美味しいステーキ店、焼き肉店など猪木が何度も訪れていた店をいくつか紹介された。ある店には、猪木が訪れた際の写真が貼られていた。

一八年ぶりの国政復帰

アントニオ猪木が一八年ぶりに国会にバッジを付けて登院したのは二〇一三年八月だった。猪木本人が「多分、一八年もブランクがあって、政治家に復帰した人なんていないでしょ。しかも古希を迎えてから」と強調するほど、極めて異例のカムバック。日本維新の会の比例候補として出馬した参院選では、三五万六六〇五票を集めて、同党内では最多得票で当選。メディア各社は、投票終了の午後八時と同時に当確を報じる「ゼロ当確」で、猪木の当選を報じた。

六月五日、猪木は日本維新の会共同代表の石原慎太郎、藤井孝男衆院議員らとともに立候補表明の記者会見のため、国会入り。記者会見場は多くの記者・カメラマンで溢れ、「敵情視察」で訪れた他党の職員の姿も何人か見られた。猪木節全開の率直なしゃべり、石原にビンタをする仕草を見せるなど定番のパフォーマンスも披露し、会場は何度となく爆笑に包まれた。

猪木　「元気ですかー！　元気があれば何でもできる（笑）。

元気があれば新しい風は吹かせるということで、維新にさらなる新しい風を吹かせたいと思い、今回出馬を決心した。長々と話すと三時間になるが、経緯は非常に単純だ。

日頃、元気を売り物にしているから、この猪木の元気も賞味期限が切れないうちに、使っておこうかなと。七〇からの旅立ちということで、お国のため、日本のために何かできたら。特に、私は外交をいろいろやり、昨年一二月にはパキスタン・ペシャワールを訪問した。今まで、日本平和憲法が大事だというが、世界に訴えた人はいないじゃないか。

我々はスポーツを通じて、日本の平和を訴えてきたが、最後にもうひとつ、この閉塞した中で、若者にもう一度起ち上がってもらいたい。選挙は噂では（投票率も）低迷、元気がないということで、私が維新を元気に、日本の参院を元気にしたいという思いで今回、決意した」

記者「なぜ維新から出馬」

猪木「勝手連から毎回、選挙の頃になると『もう一回政治に出ましょう』とよく言われてきたが『もう良いよ』という感じだった。今回、勝手連が動き、（元首相の）森喜朗さんが私の古希パーティーの発起人代表だったので、挨拶した時『また選挙に出るのか』と。その時はそんな考えはなかったが、私の仲間が動いて、だんだんその気にさせられた。

今、一番、維新が逆風を受けている中で、風を変える。私が飛び出して、逆風を変えることができたら、維新だけでなく、日本にとっても大事だ。最終的には、大阪に行き、松井一郎幹事長に会い、その前に藤井孝男衆院議員と会って話をした。その時は、まだやる気をはっきり見せなければ、会ってもしょうがないので『風が吹けばやらせてもらってもよい』などと話していた。その後、腹を決めて、命を懸けるような肝の据わった政治家が少なくなった中、橋下徹共同代表も叩かれているが、そういうことも試練。これから大きく成長してもらいたい。我々も、この年になると、欲望が変わり、名誉や金じゃなくて、人のために働かせてもらえたら自分の喜びだ。

ちょっと雑でしたかね、しゃべりが。『バカヤロー!』(笑)。普段ここで使っちゃいけないんですけどね。もうみんな集まったところで、必ずやらされるので、すいません。それぐらい、今の世の中に対して、怒りを感じている」

記者「どういう選挙戦を繰り広げていきたいか。国政復帰となれば、一八年ぶりだ。先ほど外交に言及したが、具体的に国政でどういうことをしたいか」

猪木「政治は政《まつりごと》という言葉がある通り、もっとお祭り騒ぎというかね。それをどう捉えるかはそれぞれ、政治はもっとまじめなものという人もいたが、かつて、スポーツ平和党を立ち上げた時『スポーツと政治は関係ない』との批判も出た。今は、スポーツはもっと振興され、国も力を入れている。そういう時代、時代で、発した言葉がなかなか理解されにくい、というのがあったが、でも必ず時間がたてば、私の場合、あれは本当に正しかったね、ということがある。

外交の話をしたが、外務省も大事だが、私はそれ以上に個人的に世界中のチャンネルを持っている。かつて、イラクの人質解放もあった。世界的に、中南米、イスラム圏にもチャンネルを持っている。こういうのを、維新がこれから国政で活躍してもらうために、一番としては、外交ができる人材が必要だ。中にもいると思うが。もうひとつ、維新には若い人が多いので、私の経験を伝えることができたら良いなと。また、石原代表の本を昨日読み、共感することがたくさんあった。

許してもらえるのであれば、猪木のパフォーマンス、一寸先は闇ということではなく、私の場合は、一寸先はハプニング！ということで、今回は一寸先ではなくて、一輪のはみ出しというか、ルール違反はいけないが、みんなに笑いと元気を、との思いでいる」

記者「北朝鮮による日本人拉致問題にはどう取り組む」

猪木「師匠・力道山の恩返しということで、一九九四年に訪朝し、それ以降、ずっと親交を重ねてきて、九五年に三八万人の大イベントをやった。いまだに街を歩けば、皆さん私の顔を知っている。言わんとしていることは、拉致問題も、話し合いなくして解決できない。制裁だけではなくて。そういう意味では扉がちょっと開いた、という気がする。

それよりも、飯島勲内閣官房参与が先日会った方々、私はいつも会っているが、酒を飲んで話をした時、この場でしゃべれない話もあるが、できればアドバイスをさせてもらいたい」

記者「憲法観、尖閣諸島問題への見解は」

猪木「石原代表が書かれている通り。その辺は、私一人ならいろんなパフォーマンスをするが、維新の中で協調する考えだ」

記者　「石原氏が、猪木さんに期待することは」

石原　「今の世の中、政界も一般社会も我欲、我欲だ。党利党略というか、橋下問題で集中砲火を浴びれば、水が漏れ出したように、逃げていくネズミがたくさんいるだけだ。仲間だと思っていた政党もそうだし。そういう時に、やはり、男っ気を猪木さんが示してくれた。本当に、人間として、嬉しいというか心が熱くなる。政治全体にとっても、一縷の光明が差してきた。やはり、こういう人間を増やすことが私の使命だ。きのうはかろうじて、（サッカー日本代表は）引き分けだったが、日本の男も元気がなくて、女々しくて、頼りないが、キミらもよっぽど頑張れよ」

記者　「どちらから出馬を持ちかけたのか」

藤井　「どちらかというよりは、むしろある方を通じて、猪木さんの思いを聞いてもらった。それなら、ぜひ進めよう、詰めていこう、ということで、一か月ほどたったが、最終的には本人の意志が大事だが、自民党からも誘いがあったが、維新から出るというのは本人の決断。どちらが先やら、どちらが誘ったとかではない」

石原　「みんなが背中向けて、離れていく中『よし一緒にやってやろうじゃないか』と言ってくれたのが猪木さんなんだよ。男の世界の問題だ」

猪木　「ちょっと良いでしょうか。以心（維新）伝心、ジェット・シン。昔の古い人は分かるだろうが、彼はサーベルを使っていたので『さぁ、ベルを鳴らすのは誰』ということで（笑）。すいません（笑）」

記者「猪木さんに、どういうパフォーマンスを許容するのか。ビンタは許されるのか」

石原「日本人全体にビンタ入れてやりゃいいんだよ。メディアも含めてだぞ」

記者「前回はキャッチフレーズがあった。今回のキャッチフレーズは考えているか。橋下氏に闘魂注入する考えは」

猪木「元気が出れば、気合い入れた受験生やらは全部合格する。そういうことで、今回は自らビンタしなきゃだめだと思う。キャッチフレーズはこれから考える」

石原「猪木さんってさあ、ウィッティー（機知に富んでる）だろ。オレは嬉しいよね。こういう政治家いなくなっちゃったけどさ。みんな、役人が書いたのを読むばかりでさ。期待してますよ。ワァ〜、ってやらないの？」

猪木「じゃあ、行くぞ、1、2、3、ダーッ！（笑）」

劣勢維新の救世主

石原が「集中砲火」と述べたように、当時、橋下は「従軍慰安婦制度は必要だった」旨の発言を繰り返していた。日本維新の会は、前年の衆院選で五四議席を獲得し野党第二党に躍り出た勢いを完全に失い、党勢は著しく低迷していた。石原が橋下発言を「大迷惑だ」と厳しく批判するなど、党内対立の兆しも見え始めていた。来る参院選に向け、失地回復の切り札、救世主として、国政経験があり、一定の得票が見込まれる猪木に白羽の矢を立てたというわけである。

猪木が会見で触れた古希を祝うパーティーは、猪木の誕生日である同年二月二〇日に開催された。森元首相とのやり取りを紹介しているが「森さんとしては『出るなら、自民党で』との思いがあった」として、自民党から出馬する可能性もなくはなかったという。

「維新の大阪側は、最初は反対だったようです。私のファンである松浪君（松浪健太衆院議員）が一生懸命動いてくれたと後から聞きました。藤井さんが東京側の（候補者選定）窓口ということで一度会いましたが、大賛成でした。その後、石原代表らに会って、出ることが決まりましたね。あちこちに引っ張り出されましたが、渋谷駅前などで多くの人が集まりました。それが猪木のひとつの魅力であり、パワーを含めた部分ですよね。自分で『俺が、俺が』というのも嫌ですが。最終的には『自民党政権が変わるのであれば』という考えで、立候補することを決めました」

猪木が国会内で出馬表明してから約一〇日後、東京都議選が告示され、その後に控えた参院選の前哨戦として、与野党とも国政選挙なみの総力戦で挑んだ。猪木が語るように、引っ張りだことなり、都内のあちこちで応援演説し、党勢拡大を唱えた。

「後の参院選もですが、若者が元気をなくしていたとの印象を持っていましたので『若者よ、選挙に行けよ』と訴えて、若年票の掘り起こしをしていました。あとは『バカヤロー！』『元気ですかー！』『1、2、3、ダーッ！』だけで当選しちゃいました。北朝鮮問題などは訴えることはなかったですね」と漏らす。

日本維新の会で当選し、同党が二〇一四年八月に分党したのを受けて、石原らとともに「次世代の党」に参加。一二月に同党を離党し、年明けになると「日本を元気にする会」の結成に加わり、最高顧問に就任した。その後、無所属となり、二〇一九年二月には、国民民主党と自由党でつくる国会会派に加わる意向を表明。自由党の共同代表を務めていた小沢が猪木と何度か接触し、会派入りを要請したのに対し、猪木が応じた。記者会見でも同席、都知事選で因縁を残した小沢と政治行動をともにすることになった。

第5章 何事も実現可能

北朝鮮で催された「平和のための祭典」で、民族舞踊手とともに
(写真＝山内 猛)

車椅子姿での登場に衝撃

二〇一八年九月六日の羽田空港。三三回目の北朝鮮訪問のため、報道陣の前に現れた猪木の車椅子姿は、その場にいた取材陣だけでなく、映像を通じて目にした人々を驚かせた。

「あの猪木が車椅子に乗るようになるとは」「どこか、カラダが悪いのか」

真相は、七時間を超える腰の手術を終えて、退院してから一週間も経っておらず、十分に歩行するのが難しかったというもの。いつも通り、カメラマン役として同行した妻・田鶴子（二〇一九年八月逝去）に車椅子を押させて、無理をしてでも北朝鮮を訪問した猪木。以後、自身の政治家引退や新型コロナウイルスの感染拡大で世界的に往来が制限されたこともあり、これが最後の訪朝となっている。

「俺もよたよたの状態で、橋本君（田鶴子の旧姓・橋本）もくっついてきてくれました。北朝鮮側も『そんな状況なのに来てくれたのか。そこまで友好というものを大事にし、訪朝を決断してくれたのか』と言われましたよ。感動してましたね」

三三回目の訪朝では、朝鮮労働党で外交を統括している副委員長の李洙墉《リスヨン》と会談。日本人拉致問題については解決済みとの認識を重ねて強調した。猪木は、この訪朝で、超党派の訪朝団を早期に受け入れるよう提案し、実現に向けたやり取りを交わした。

なぜ猪木は北朝鮮訪問を繰り返すのか。北朝鮮は、日本と国交がなく、日本人拉致問題をはじめ、核開発や核実験、さらには日本近海、日本上空を飛び越えるミサイルを何度も発射するなど、いわゆる「拉致・核・ミサイル」の問題を抱えている。日本の国民感情が極めて複雑なのは言うまでもない事実だ。

日本政府は、北朝鮮に対し多分野にわたる制裁を一貫して続けており、全国民に渡航自粛を要請している。これは、国会議員も例外ではない。実際、猪木は二〇一三年、二七回目の訪朝に踏み切った際は、国会開会中であることに加え、開会中の海外渡航にあたり、必要な手続きとなる参院議院運営委員会理事会の許可が得られないまま、訪朝を強行したことが問題視された。帰国後、厳しい処分が下されたのは記憶に新しいところだ。

まずは、多くの国民が疑問に抱いているであろう、北朝鮮訪問を重ねてきた理由について、紐解いていく。

師匠・力道山への恩返し

「一九八九年、国会議員になるまで、力道山が北朝鮮出身だということを知りませんでした。ふとしたきっかけで、力道山に関する書物を読み『ああそうか、そういうことがあったのか。こういうこともあったんだ』ということが初めて分かりました。それから、在日の人たちについて、関連する資料をいろいろ取り寄せたり、続々と集まってきたりして。一九六三年に力道山が、板門店《はんもんてん》を訪れ、裸になって家族の名前を叫んだエピソードもその過程で知りました。それぐらい、疎いというか、気にしてなかったんです」
「やっぱり、俺もブラジルに渡った移民という経験があるので、日本の中にいたら分からないような望郷の念みたいなものを、本や資料を読みながら、少しずつ理解していきましたよね。そうした力道山にまつわる、まったく表に出なかった一面を知り『何とかして、師匠の思いを届けよう』ということが事の始まりです。

師匠がいなければ、私は北朝鮮問題に関わることはまったくなかったと思います。国会議員にならなかったら、おそらく北朝鮮に行くことはなかったでしょう」

終戦から間もない一九五〇年代、登場したばかりのテレビを持つ家庭は極めて珍しく、日本国内の繁華街に街頭テレビが置かれていた頃のこと。テレビ前に集まる群衆に感動や勇気を与えたのは、まぎれもなくプロレスラー・力道山だった。得意の空手チョップを繰り出しながら、シャープ兄弟や木村政彦との対戦を繰り広げ、派手な私生活とあわせて、国中のヒーローとなっていた。

一九六〇年、ブラジルで力道山にスカウトされ、日本に帰国した猪木は、付き人として常に彼に帯同。不条理な暴力にも耐え、父親代わりにしていた力道山の出自を知り、以後、一九九四年九月の初訪朝を皮切りに、北朝鮮外交にのめり込んでいく。

日本人拉致問題が今ほど知られておらず、文字通り「ベールに包まれた国」であった頃、国会議員としての猪木による北朝鮮訪問は問題視されることはほぼなかった。

国連の安全保障理事会が、核実験やミサイル発射を繰り返す北朝鮮に対する制裁決議を初めて採択したのは二〇〇六年一〇月。日本政府が独自の制裁措置を始めたのは、二〇〇六年七月。猪木の議員一期目は一九九五年までなので、基本的には自由に往来することができた。それが、二期目スタートの二〇一三年になると様相は一変していた。

猪木の訪朝は各方面から激しい批判にさらされる。渡航計画が浮上する度に、第二次安倍政権で官房長官を務めた菅義偉《すがよしひで》は記者会見で「全ての国民に渡航自粛を要請している。政府方針を踏まえて対応すべきだ」などと取りやめるよう要請。第二次安倍内閣で拉致問題担当相を務めた古屋圭司《ふるやけいじ》らも追随し、時には所属していた日本維新の会共同代表の橋下までも苦言を呈した。

それでも、猪木は北朝鮮訪問を繰り返した。

もうひとつの理由

「結局、誰も他にいないわけじゃないですか。じゃあ、俺がやるしかないという思いですね。計算は特にしてませんが、要するに人生観という部分で、誰もやれない、できないことをやるということで、今に至っています。イラクの時も同様です。

体を張って、政治や外交ができるのは非常に快感なんですよ。命を大切にしないわけではなくて、そういう心構えを言葉にしてしまうと、うそっぽく聞こえそうな気がしてイヤだが、俺しかできないことということを、しっかり自分で持ってますからね」

猪木は、北朝鮮訪問のもうひとつの理由について、自分にしかできないことであり、身体を張った、命懸けの行動ができるためと明かす。

北朝鮮への訪問を繰り返すことは、選挙へのアピールになるどころか、むしろマイナスポイントとしてクローズアップされるだろう。そうしたことを恐れる大半の国会議員を向こうに回し、独自の人脈を用いて、国民に直接発信できる自分なら、メッセージを送ることができる。さらには、仮に選挙に落ちたところで、アントニオ猪木なら「選挙に落ちれば、ただの人」になることはあり得ず、落選してもアントニオ猪木だ。いくらでも仕事がある。そんな計算もにじむ。

初訪朝はハプニング

日本のメディアが、朝鮮民主主義人民共和国（北朝鮮）と並列表記をしていた頃の一九九四年、北朝鮮の核開発疑惑問題が深刻化し、戦争勃発の可能性を指摘する声も出始めていた。力道山が北朝鮮出身であることを知った猪木は、疑惑が国際問題化の一途をたどる中、北朝鮮を訪れ、自らの目で見てくることをひとり決断。関係者ルートを頼って、北朝鮮側に渡航を申請した。なかなか返事が来なかったものの、中国・北京経由で七月に訪問できるとの許可が出た。猪木によれば、米国大統領経験者として初めて訪朝し、核開発凍結と査察受け入れで北朝鮮側と合意したカーターよりも早く申請しており、本来なら先に訪れる予定だったという。

「滞在していた北京のホテルで朝食を取り、出発しようとしていたら、通訳が飛んできて『金日成《キムイルソン》主席死去とのニュースが流れている』と。でも、ひとまず空港に向かいました。搭乗手続きをしていると、向こう（北朝鮮外務省）の係官が『今回はある事情があり、お迎えできません』と言われましてね。北朝鮮としては、そう言わざるを得ないんでしょうけど、そういうことだった。同行していた日本の通信社記者は『猪木さん、何とかねじ込んででも行きましょうよ』と言っていたが、結局はダメだったので、日本に戻ってきました」

猪木の人生には、常にハプニングがつきまとう。本人の名言集の中に「一寸先はハプニング」というものがあるほどで、念願の初訪朝はいったん取りやめになった。

その後、ほどなくして招待状が届き、仕切り直しとなるチャンスは九月に訪れた。

「力道山の娘が空港まで迎えに来てくれました。関係者から受け取っていた力道山の遺品で、名前が刻まれたゴルフクラブを手渡しました。すると、食い入るように、何度も何度もさすりながら、見ていましたね。とても喜んでもらえました」

一週間の滞在で、金容淳《キムヨンスン》書記（最高人民会議統一政策委員会委員長）と会談。金は日本から訪れる議員訪朝団との窓口役も務めており、当時は北朝鮮ナンバー3と位置付けられていた。

「当時は大変な実力者でしたね。日本の国会のようなところ（万寿台議事堂）に連れていかれました。冒頭三、四〇分はひたすら相手の話を聞きました。相手の言い分をすべて聞くのは、イラクの時と同じです。あの時は『（統治下時代の）日本の軍隊から、激しい虐待を受けた』などの話もしてました。そして、頃合いを見て、こちらからざっくばらんな話を持ち掛ける。私なりのしゃべり方、スタイルで臨みました」

北朝鮮側の話を一通り聞き終えた後、猪木は、北朝鮮の核・ミサイル問題を踏まえ「聞くところによれば、北朝鮮のミサイルは日本に向いているそうですね」と懸念を伝えた。この年の五月、北朝鮮が準中距離弾道ミサイル「ノドン」を能登半島沖の日本海に向けて発射した実験のことである。

態度を硬化させた先方はしばし沈黙した後「まあ、お互いの信頼が醸成されれば、解決しますよ。席を変えて、夕食会にしませんか」として、夕食会に流れた。

「夕食会では、相当ざっくばらんに話をしました。向こうも私のことをいろいろ調べていたと思いますが、こちらは力道山の弟子ということを前面に出してましたから『そこまで、同胞のことを思ってきてくれたのか』と歓待してくれましたよね。北朝鮮も儒教の国ですから、師匠をたてる、先輩をたてる、という精神的なものが貫かれているのです。酒もたくさん飲みましたね」

そして、夕食会では猪木流外交の一幕がさく裂する場面があった。

猪木「ところで、北朝鮮は日本にミサイルを向けているかもしれませんが、私たちのミサイルはみんな、北に向いているんですよ。だって、北には美人が多いじゃないですか。私たちの発射はボタン一つ。いつでも発射オーライです」

これには、北朝鮮側も相好を崩し、その場は大いに盛り上がったという。

平和の祭典実現へ

この夕食会で、猪木はプロレスを北朝鮮で開催することを提案。「通常なら、北朝鮮と話をしても、一年、二年経とうが、返事が返ってこないところ、滞在中のわずか一週間で開催することが決まり、準備委員会ができて、担当の政治家までつけてくれた」といい、その後は翌九五年四月の開催に向け、急ピッチで準備が進められていく。

「向こうの皆さんが、プロレスを知ってはいるが、見たことがないと言ってましてね。それなら、力道山のためにもひと肌脱ごうと。『私は今、国会議員を務めており、リングからは半分、片足を降ろしていますが、本物のプロレスをお見せしましょうか』と」

猪木は、湾岸戦争勃発前のイラクで実現にこぎつけた「平和の祭典」をイメージしており、プロレス以外にもイベントを企画することを申し入れ「モハメド・アリなら、声を掛けられます」と伝え残し、日本に帰国した。

「その後、会社（新日本プロレス）の人間が北朝鮮に飛び、あらゆる交渉に取り組みましたね。当時はまだ、日本政府の制裁がありませんでしたから、物資を持っていくのは自由でした。なんせ、一九万人収容のスタジアムが会場とのこと。競技場を荒らしてはいけないというので、下に敷くベニヤ板を三〇〇〇枚送りました。他には、トラックも三台ほど送り、準備を進めていきましたね」

繰り返すが、日本政府は北朝鮮向けのすべての品目の輸出を禁じた経済制裁を当時は行っていないので、物資の輸送は自由だった。猪木によれば、政府は特に横やりや邪魔、介入をせず、かと言って協力するはずもなく、ただ傍観する姿勢だったという。

「一九九四年の初訪朝、翌九五年四月の平和の祭典、その間にも準備やら打ち合わせで訪朝していますが、まったくバッシングはありませんでした。今考えれば、信じられないぐらいですが。日本人拉致問題の実態が表面化してませんでしたしね」

九五年四月二八日から三〇日の三日間かけて開催された平和の祭典「平和のための平壌国際体育・文化祝典」には、猪木によれば、延べ三八万人の観客が訪れた。「日本からも観戦ツアーで三〇〇〇人がチャーター便で見に行った」。モハメド・アリも猪木の要請に応じて訪朝。猪木は、元NWAのチャンピオンであるリック・フレアーと対戦し、力道山の祖国で、弟子としての務めを成し遂げ、感無量となった。

「師匠に対する恩返しは、九五年のイベント開催でできたと思います。その後も訪朝を重ねましたが、北朝鮮国民にプロレスを見せることで最後の恩返しを実現できました」

平和の祭典には、前年七月に死去した金日成主席の後継、金正日《キムジョンイル》書記が姿を見せるかどうか注目されていた。追悼ムードが続いている最中、イベント開催に伴い海外からの観光客やメディアを受け入れ、対外関係の改善を図ろうとするアピールになるともみられていたからだ。ただ、公式には来ていたかどうか確認されていない。

「スタジアムには、俺たちの控室があり、いろいろな人が挨拶に来てくれましたが、ある時、一斉に人がいなくなりました。おそらく、その瞬間、金正日書記が会場に来たんじゃないでしょうかね。

『なぜ会わなかったのか』とよく聞かれましたが、そりゃ会えれば一番良かったですよね。私は、一夜にして北朝鮮国民に知られる英雄になってしまいましたし、街を歩いていても声を掛けられました。そういうことは、あの国にあってはならない、あってはいけないんじゃないでしょうかね。お土産やメッセージはもらいましたが、あの国ではヒーローは一人なんです。それも絶対的な」

コメ問題で韓国から親書

平和の祭典をスピード実現させるほど、北朝鮮から一定の信頼を得ていた猪木は、祭典が行われている舞台裏で、南北朝鮮の橋渡し役を務めていた事実を明かした。
一九九五年五月三〇日の参院外務委員会のやり取りから紹介したい。

猪木　「(前略)時間はきょうあともう幾らもないものですから、最後にちょっとお米の問題で、先ほども質問が出ておりましたし、私もこの委員会で何回か米について質問させてもらって、当時は政府としても出すのは難しいという見解であったと思いますし、また二六日の新聞の中でも、大臣のコメントの中では、国交のない中では難しいというコメントをされているわけですが、ちょうどイベントの当時、私自身、金容淳という人から信頼があるということで、南の政府のメッセージという形でお届けしてくださいと。それは喜んでさせていただきますということで渡した中にお米の問題も入っておりました。

そして私自身も、本当にお米があるのかということを、そして心を開いて話をしない限りその問題点に我々は協力できないじゃないかということを関係者にも話したんですが、その辺の返りの言葉というのがどうもはっきりしなかったんですね。そのくせ、米はどうなんだ、どうするんだという質問があるから、だったらはっきり言いなさい、幾ら必要なんだとか、そういうことを言えば我々もそれなりに何か動く方法があるじゃないかという話で、今回いよいよ来られて、お米の要請があったと」

政府側の答弁を挟み、猪木が続けた。

猪木　「韓国政府としては緊急に二〇万トン出す用意をしておりますという話を聞いたことがあります。先ほど大臣は、そういう要請がなかったから十分足りているんだろうと。しかし、一方の情報としては、もう韓国政府も我々もある程度そういうものを危惧しておりましたから、それをいつ言ってくるのかというあと時期的な問題だったんだろうと思うんです。

そこで、韓国政府との話し合いの中で日本だけが直接出すというのはなかなか難しいということで、最初は第三者機関を通じて出す方法もないだろうかという我々勝手な考えを研究したことがあるんですが、ひとつ人道的な立場に立ってできるだけ速やかな形で協力できるようにお願いをいたしまして、時間が来ましたので終わります」

要約すれば、猪木は韓国側からメッセージを託され、北朝鮮側に伝えたということ。いわば「密使」の役割を果たしていたと言うことになる。当時、北朝鮮国内では深刻な食糧難が生じており、日韓両国による支援が喫緊の現実問題として浮上していた。

猪木が証言する。

「韓国はコメ支援をしたがっていました。ただ、日本も食糧支援としてコメを送りたがっていました。一粒でもいいから、韓国のコメを入れてください。そうすれば日本も支援できます。韓国がやらないのに、日本が先にやるわけにはいかないですよね。こういう話でした」

「もう言ってもいいと思いますが、韓国・国家安全企画部（現・国家情報院）の部長から北朝鮮への親書を預かりました。もちろん、私は中身について知るはずがありません。私に頼むぐらい、南北の交流がなかったんでしょうね。まあ、余計なことについてはあまりしゃべらない方がいいかもしれませんが」

当時、対韓国工作を担当していたのは、初訪朝の時に会談した金容淳だったことも功を奏し、韓国側としても猪木に依頼するのは好都合だったのだろう。猪木が北朝鮮と築いていた太いパイプが、南北交流に一役買ったという興味深いエピソードだ。

信頼獲得の秘訣とは

では、猪木は独自外交の舞台で、どのように信頼を獲得していったのだろうか。独自外交とは、まさに猪木の専売特許だ。首相はじめ外相、各閣僚、さらには超党派などでつくる議員団・視察団による外国訪問は、基本的に濃淡こそあれど、すべて外務省が関与する。ところが、猪木は培った知名度と交友関係を武器にして、外務省に頼ることなく、ポーンと海外を訪れ、要人と面会することが可能だ。国交がない北朝鮮との外交についても、まさにこのことが当てはまる。

「相手の懐に入っていく秘訣としては、もう自分のあるがままでしょうね。自分が思うことについて率直に伝える。その国のなんとかというのを批判するつもりはないが、私には絶対的なテーマの平和、友好というのがあります。この基本がありますからね。

加えて、アリ戦で得た世界中の知名度というのがあります。当時は、お遊びだの批判されましたが、時が経つにつれ評価が変わりました。あの一戦があったために、世界中の人が俺のことを知ってくれています。迎える外国側とすれば、通常は国会議員が訪問すると、良くて国会の議長が対応するのが普通でしょう。要人や閣僚が出てくるのは、よほどのテーマがあれば別でしょうけど。ところが、私の場合はアリ戦があったおかげで、相手が大変な興味を持ってくれる。それによって、相当な人に会うことができるんです」

とりわけ、対北朝鮮については前述の通り、力道山の弟子というポイントが、先方に刺さったという。

「人気商売をしてきましたから、相手の反応を常に気にしています。外交の場では『この人は、何が目的なのか。友好なのか、これを機会に自分を売り出したいのか』ということを相手が的確に分析しているのが分かります。その点、私はあるがままにしか言いませんし、必要以上に北朝鮮を持ち上げることもしていません。どこに行っても、最初は先方の話を延々と聞かされます。北朝鮮に限らず、どこでもそうなんで『正直、面倒くせえなあ』と思うこともありますが、これは役目ですからね」

猪木外交たらしめる秘訣は、何といってもアリと対戦したという知名度、加えてあるがままの姿勢が挙げられる。そして実は、肝心な話に関する相手の発言内容について、猪木は記者会見やぶら下がり取材の場など公の場でも、記者の質問をかわしながら明らかにしない傾向がある。その点も信頼を得てきた理由なのではないだろうか。

北朝鮮に切った啖呵

猪木　「バッジを付けてないから、こうした扱いなのかい？」

北朝鮮側　「そんなことはありません」

一九九五年に落選し、参院議員のバッジを失ったとは言え、政界復帰するまでの一八年間、猪木は地道に北朝鮮訪問を繰り返していた。そんな浪人時代の猪木に、北朝鮮側の姿勢が微妙に変化していったのを、猪木本人は感じ取っていた。

「こちらは、アントニオ猪木であることは変わらないんですが、確かにバッジは付けていませんでした。粗末に扱われているとは認めたくありませんでしたし、気にしないようにしてましたが、ふと考えると、そういう風に感じざるを得ない場面がありましたね。『そういうことなら、俺がもう一回国会に出れば、ちゃんとするのか。だったら、いつでも出てやるぞ』みたいな啖呵を切ったこともありました」

幻の二階訪朝団

幻となり実現に至らなかった話として、二階俊博自民党幹事長らによる超党派訪朝団の構想があった。

「ある時の会談で、先方と超党派でつくる議員訪朝団を受け入れるよう要請した時、向こうから『ただの一議員が揃っても駄目ですよ。それなりの人を（寄越してもらえませんか）』と言われました」

猪木はこれを踏まえ、三〇〇〇人を引き連れて、訪中した実績を持つ二階と接触。二階も前向きな姿勢を示していたという。その後の訪朝時、親書などの文書によるものではなく、口頭でチャーター便による訪朝団の受け入れを要請した。北朝鮮側は「検討します」とは言ったものの、実現に向けた具体的な動きが進むことはなく、話はそのまま立ち消えになった。

二〇一七年の訪朝から帰国後、猪木は羽田空港で記者団に「自民党の中のある方が、正式ではありませんが『できるだけ早い時期に訪朝したい』との意向を持っていると（北朝鮮側に）伝えました。そして、向こうから『ぜひ前向きに検討し、実現に向け猪木先生の意向に沿うようにしましょう』との返事をもらいました。その前に『議員団を結成し、訪朝したら受け入れてくれますか』と尋ねたら『喜んで、是非』と言われました。超党派ということにはなるが、やはり政権を持っている自民党がどう決断するかということだと思います」と指摘。この時点で、二階の名前を出して交渉し、北朝鮮側も前向きに検討していたことを示唆している。

翌二〇一八年にも訪朝。帰国後の記者会見では「それなりの影響力のある方、誰とは言ってません。昨年の訪朝時は、与党のある方を（含めた訪朝団を受け入れてもらえないか要請したが）、なかなか返事をもらえなかった」とトーンダウンさせている。

猪木が振り返る。

「向こうには、向こうの考え方がありますから、実現したらどうなっていたかというのは分かりません。ただ、二階さんクラスの人がチャーター機で乗り込んで、腹を据えれば、ドアは開いた可能性はありますよね。開かないにしても、今は隙間すらないんだから。まあ、言えることとしては『二階さんは普通の議員とは違いましたね』ということです」

横田夫妻への誘い

猪木が二期目の当選直後、都内の日本外国特派員協会で開いた記者会見は物議を醸した。

「よく私は講演で『拉致（問題）が解決したら我々は幸せになれますかね？』と言うと、皆さんは『えっ？』という顔をする。そうすると今まで凝り固まっていた考え方、いろんな視点をちょっと変えることによって、もっと知恵が出てきて、解決をどうしましょうかとなる。（中略）拉致は二国間の問題ですから、世界を回って訴える話ではない。（中略）一日も早くトップ会談ができるような環境づくりを一生懸命やらせてもらいます」

発言と行動の乖離が極端に少ない、つまり言動が一致することが多い猪木らしい発言ともいえるが、所属していた日本維新の会には激震が走った。平沼赳夫や中山恭子ら拉致議連に所属する対北朝鮮強硬派の議員にとって、決して看過できない発言であり、党内外から批判が沸き起こった。

「『話し合いをしないで、どうやって解決するんですか』という、誰も言わないようなことを発言しました。俺は別に本音を言って、自分自身が叩かれようが関係ありません。ただ、国民は何が本当で、何が違うのか、うそなのかということの見極めができるようなレベルを保っている必要があります。ワイドショーの影響も大きいし、あまりにもレベルが低くなっているのではないでしょうかね」

翌日、猪木は拉致議連のメンバーに呼ばれ「そういう話をしてもらったら困る。今、政府がいろいろと動いているんだから、猪木さんは動かないでいただきたい」と厳しい指摘を受けた。猪木は「ご心配なく、私は拉致には関わりませんから」との考えを伝えた。

ただ、日本人拉致被害者である横田めぐみさんの両親と二回ほど面会したことがあり、その際、一緒に北朝鮮に訪問するよう誘ったことがある。猪木によれば、北朝鮮側に打診したところ「来ていただければ、いつでもお迎えしますよ」との返答があったという。当然のことながら、北朝鮮側の言い分をそのまま聞くことに繋がりかねないため、横田夫妻は二回とも断った。

「私はイラクの経験もあり『誰も動けないんであれば、自ら行かれて、テーブルを挟んで確かめる手もありますよ』とお伝えしました。口幅ったいですが『身の安全も私が約束するから心配なく』とも言いました」

「俺は悪役になっても良いんだけど、まあ、悪役はもう承知の上で、拉致はよくないに決まっている。その中で『とにかく返せ』と言い続けている。そういう問題ではないと思います。こうしたことを言える人は他にいないし、言ったら袋叩きになりますから」

拉致被害者家族の高齢化が進み、残念ながら逝去する家族も増えてきている。一日も早い問題解決が待たれるのは言うまでもない。

「安倍とは会わない」

二〇二〇年八月下旬、安倍晋三首相が突然退陣を表明し、日本中だけでなく、世界を驚かせた。小泉純一郎政権時代に官房副長官を務め、帰国した日本人拉致被害者を北朝鮮に戻さないとの立場を堅持し、国民から強い支持を獲得。拉致問題に加え、核・ミサイルで日本に対峙してくる北朝鮮に対し「圧力」を掛けることで、北朝鮮に向き合ってきた安倍。二〇一二年の第二次政権発足後も、拉致問題を最重要政策のひとつに位置付け、自らの手で拉致被害者を救出することを目指したが、七年八か月もの長期政権下でも実現できなかった。

安倍は、トランプが米大統領に就任する前にニューヨークを訪れ、トランプ・タワーで初めての会談に臨んだ。安倍がトランプに伝えたかったメッセージのひとつは北朝鮮による日本人拉致問題だった。

安倍の退陣表明の記者会見から、声を震わせながら言及した拉致問題に関する言葉を拾ってみる。

「拉致問題をこの手で解決できなかったことは痛恨の極みであります」

「この（拉致）問題に私はずっと取り組んできました。もちろんそう簡単な問題ではないから今でも残っているわけであります。ありとあらゆる可能性、様々なアプローチ、私も全力を尽くしてきたつもりであります。その中で、例えばかつては日本しかこれは主張していませんでした。でも、国際的にこれは認識されるようになりました。たくさん努力をしてきた。アメリカの大統領が北朝鮮の首脳と、金正恩《キムジョンウン》委員長とですね、一対一のテタテ（トップ会談）の場面でもこの問題について言及し、また習近平主席も言及し、そして文《ムン》在寅《ジェイン》大統領も言及する。これは今までになかったことであります。

ただ、もちろんそれによって結果が出ていない。でも、私は最善の努力をしてきた。ただ、ただですね、申し上げましても、御家族の皆様にとっては結果が出てない中において、お一人お一人とお亡くなりになっていく。私にとっても本当に痛恨の極みであります。常に私は何か他に方法があるのではないかと思いながら、あらゆる、これは何をやっているかということを残念ながら、外交においてはそうなのですが、特にこういう外交はそうなのですが、御説明できませんが、言わば考え得るあらゆる手段を採ってきているということは申し上げたいと思います」

これに対する猪木の反応は手厳しい。

「一言で言えば、全部うそですね。うそ！　まるっきりパフォーマンスです。だって、向こうは会談で『安倍なんかには会わない、会う必要がない』って言ってたんだから」

「拉致問題の解決を掲げて、首相になったわけですよね。向こうの言い分としては、そういうことを主張する安倍の言うことは信頼しないということです。それが一貫した向こうの姿勢です。向こうの言い分ですけどね」

聞こえのいい言葉

安倍の対北朝鮮政策について、猪木は「やる気がないということはないと思いますが、私の場合は北朝鮮側から発言の裏が取れるから、本気で向き合おうとしているのか、否かというのは分かるんです」と指摘。北朝鮮側との人脈を使って、安倍の発言や日本政府の姿勢について、真意を確認していたことを明かした。

二〇一九年五月、安倍は拉致問題で一定の前進があることを前提としてきた立場を変更し、金正恩・朝鮮労働党委員長と前提条件なしで首脳会談実現に向けた方針に転じることを明言した。

猪木の直近の訪朝は二〇一八年九月。猪木によれば、北朝鮮側はこれよりも前の段階で、安倍と会う必要性を否定していたということになる。

「安倍政権を見ていて思ったのは、何か政策や政局が行き詰まった時に、拉致問題を持ち出し、騒ぐことによって、話題を転換し、局面を打開しようとするということです。在職中の動きを見ていれば、よく分かります。拉致被害者の御家族をなだめるためのような発言を繰り返してきたこともありますよね。どうして、国民受けする、聞こえがいいような言葉を吐いて、人気取りをしなければいけなかったのか。国民の反応が悪いこともするのが政治であって、聞こえのいいことばかり言って、実現させていたら、国なんか保《も》たないと思いますよ。我々は人気商売をやってきたから、パフォーマンスの良しあしというのがよく分かるんです。安倍さんは、方向性がどんどん変わってしまいましたよね」

猪木が二期目を務めた六年間、首相は一貫して安倍だった。安倍が二〇〇七年に一度退陣した後、北朝鮮問題に絡み、猪木は安倍と二回ほど会談している。

不満の矛先は、官邸や外務省などにも向かう。

「一言で言えば、どうして訪朝を繰り返し、向こうとパイプを築いている俺を使わないのか、ということです。何で、俺を利用しないのか。『アントニオ猪木がなんぼのものなのか』と言われても困るけど、向こうは本当に信頼してくれている。私は、北朝鮮の太鼓持ちをしているつもりは毛頭ないが、信頼されているという事実は事実としてあるわけですよ。それならば、なぜ、対北朝鮮外交に生かさないのかということです」

外務省の役人が、猪木に北朝鮮の実情などを尋ねに来たことは一度もなかった。猪木にしてみれば、朝鮮労働党幹部らと直接向き合って、直に話をしている自分に、どうして一度も聞きに来ないのか、不思議でならなかった。

一方、日本に滞在する各国の外交官からは「北朝鮮について話を聞かせてください」との申し出が何度かあり、その都度応じていた。

官房長官の菅は、猪木の訪朝計画が報じられる度に、記者会見で渡航自粛を要請していたが、官邸サイドから猪木に対し、直接渡航自粛を求めることは一度もなかった。

従来の政治家の枠を超え、独自外交を展開、貫き通した猪木を永田町、霞が関は「異端児扱い」していた側面は否めない。本人に言わせれば、政府の邪魔をしている訳では決してなく、政府ができないことを自らの役割として自認し、そのやり方で北朝鮮側とのパイプを温め続け、個人的な交流のドアを開け放っていた。

拉致問題の解決に向け、安倍政権が少しでも猪木の話を参考にしようという姿勢が欠けていたのは残念でならない。再三の渡航自粛要請にも馬耳東風で渡航を重ねていた猪木とはいえ、多少なりとも活用する選択肢もなくはなかったのではないか。

猪木が振り返る。

「人の行き来をなくして、どうやって本当の情報を得るのかと。それだと、何の情報も入ってきませんよね。そうした中、外務省が一番嫌がるのは、私みたいなのが独断で行って、向こうの話を聞かれてしまうことなんです。ごまかしようがなくなってしまいますからね。だから、排除して、なかったことにする。猪木を認める、認めないはどうでもいいですが、いずれにせよ、私の人脈を生かそうという発想には最後までなりませんでしたね」

余談だが、猪木によれば、数年前まで安倍晋三地元後援会の猪木ファンの人たちが、猪木が仲間と行う春の「お花見」に毎年参加していたという。その後は、妻・田鶴子が経営していた六本木の飲食店にも来て、ワインを開けたりしていたことも猪木は記憶している。安倍後援会関係者が多数参加していた、「桜を見る会」前日夜の懇親会が開催されたのと同じ時期だったかどうかは、不明としている。

ちなみに、一期目の当選時には、安倍の妻昭恵の父が猪木ファンで、比例はスポーツ平和党、選挙区は自民党候補に入れたことを猪木に直接明かしている。

一番難しい国、北朝鮮

実に三三回もの訪朝を重ねた猪木にとって、北朝鮮はどのような国と映っているのだろうか。師匠への恩返しを果たした後も、議員落選後の浪人時代も訪問を繰り返したのはなぜなのか。政治経済体制についてどう捉えているのか。そもそも、好きなのか、嫌いなのか。

「(しばし考えた後)まあ、我々は民主主義という中で、こう育ってきたので、やっぱり北朝鮮という国を維持していくためには、あの形しかないのかなあと思いますね。南北の問題でしたり、あの体制を崩そうということで、いろんなことがありましたけどね。統一などと言いますが、現実的に統一は難しい。あの国を維持していくためには、今の形しかないんじゃないですかね。だから、国民で選挙して(国家のトップを選ぶ)なんていうのは、あり得ないと思いますね」

「そういう国なんだと、理解していくしかないじゃないですか。否定するのは簡単ですけど。良いとか悪いとか。だから、もっとズバリ言えば、難しい国、一番難しい国と言えますよね。難しい国を理解しようとするには、こちらにもそれなりの理解度がないとね」

一九九四年以来、足掛け四半世紀にわたり、要人との会談を繰り返し、平壌の街並みの変化、地方経済の行方、国民生活の変わり方を目にしてきた。核開発と核実験、度重なるミサイル発射などで国際社会を威嚇、挑発し、東アジア地域のみならず米国をも警戒させる北朝鮮と個人的な繋がりを築いてきた猪木に言わせても、「一番難しい国」と位置付けられるのは興味深い。

「核開発に絡み、米国からにらまれたイラクとリビアを引き合いに『あの二の舞は踏みません』と北朝鮮側は何度か言ってましたね。日本の我々からすれば、核開発だなんてとんでもない。でも、彼らが執着するのは、核に勝るものがないということを分かっているからでしょう。核開発という問題については、日本人には、ものすごく抵抗感がありますからね」

「結局一番の問題は、何か飴をぶら下げれば食いついてくるだろう、っていう、そういう外交は通用しないと。それを今まで、国際社会がやってきたんですよね。コメをあげるから、言うこと聞けと。北朝鮮にしてみれば『そんなことで、我々の主張を曲げるわけにはいけませんよ』ということですよね」

制裁を続けている結果、日朝両国の間では人とモノの交流が途絶えており、国交正常化交渉も膠着状態のままだ。現状打開のため、猪木が提示するビジョンとは何か。

「要するに、日本における大使館的な役割、それは朝鮮総聯なんですよね。総聯というと、すごくイメージ悪いんですが、やっぱりあの人たちが北朝鮮に帰って、直接話してくる話こそが確かな情報なんですよね。そして、最終的には、外交の落としどころというのを置いて、もっともっと腹を割って話せるようにする。いきなり北朝鮮と向き合って、何かをすると言っても、総聯の人以外に誰が行くんですか、相手にしてくれるかどうかも分からないですよね」

「戦後七〇年以上が経ち、拉致被害者はもとより、北朝鮮に渡った日本人妻の人たちもいる。彼女たちもやっぱり『日本に帰りたい、日本を見たい』という人がほとんどです。中には日本に戻ったりしてる人もいるんですよね。我々はどうしても北朝鮮と言うと、まったくドアを閉ざして、何も分かってないんじゃないかと思うが、そんなことはなく、向こうは全部分かっており、こちらのことを分析しているわけです。平和の祭典開催で、師匠への恩返しはできたと思うが、それ以後も訪朝を重ねています。俺の役割が何なんだかよく分からなくなることもありますけどね」

やり残したことは

「まさか、ここまで続くとは思いませんでした。気が付いたら、三三回。もう、毎年の恒例行事ですね。すっかり、ライフワークです。その間、プロレスのイベントを入れて、スポーツ交流をするＮＰＯ法人の事務所も現地につくりました」

「『北朝鮮にそこまで思い入れる理由をよく分からない人がいるから、もう少し丁寧に説明した方がいい』とアドバイスしてくれる人がいる。俺としては、分からないヤツは分からなくていいと思っています。要するに、ぶれずに何をしたいかということです。今日これを食べて、美味しいか、不味いか、という話じゃなくて、後々になって、人に分かってもらえる人生観で良いんじゃないかと思いますよね」

猪木は、北朝鮮関連でやり残したこととして、与党議員を含めた超党派の議員訪朝団による、チャーター便での乗り入れを挙げる。猪木の念頭にあるのは、九〇年代、自民党の金丸信や渡辺美智雄が団長として率い、交渉に臨んだイメージだ。

「何度か、野党議員でつくる訪朝議員団をつくって、訪問しました。一緒に行った人たちをどうこう言うつもりはありませんが、やっぱり、向こうの条件は『それなりの人』というものです。向こうとちゃんとした話になった時に、責任をもってやり取りできる人ですよね。そういう意味では、二階さんは経験豊富な人ですよね」

猪木のもとには、政界引退後も北朝鮮についての正確な情報が入ってきているという。

「日朝政府間には、しっかり腹を割った話ができるチャンネルが今もあるはずがない。非公式だが、バッジを外した私に期待してくれる人がいるようで、訪朝を求める声が届いている。今は、新型コロナウイルスで渡航できませんが、収束した時には、向こうの人間はイベントが好きですから、またイベントも仕掛けたいですよね。そのためには、俺自身が自分の体をコントロールし、元気をまた取り戻さないといけません」

自身の体を「ボロボロ」と評し、新型コロナウイルスの感染拡大により海外に行くのもままならない中、三四回目の訪朝の日はいつ訪れるだろうか。

第6章 すべて真剣勝負

暴漢に切りつけられた
傷の癒えぬまま、
国会で代表質問に立った。
左は橋本龍太郎
（写真＝山内 猛）

議場が「猪木劇場」と化した国会質問

「元気ですかー！　元気があれば何でもできる」

二期一二年の議員生活で、猪木は参院本会議のほか、参院予算委員会、参院外交防衛委員会などで幾度となく質問に立った。本名の猪木寛至を議員名としていた一期目は、極めてオーソドックスな質問に徹していたが、議員名をアントニオ猪木にして臨んだ二期目では一転して、独特の質問スタイルを展開。冒頭は「元気ですかー！」の大声で始め、軽妙なダジャレを随所に盛り込みながら、首相の安倍や文部科学相の馳らに迫っていった。議場全体をすっかりと猪木色に染め上げ、さながら「猪木劇場」を作り上げた。

「もう商売柄、持ってしまってきたものがありますよね。ウケようとか、ウケないとかいう感覚よりも、やっぱり元気が売り物ですから、議場をもっと明るい場にしようと。俺の番になると、半分寝ていたような大臣まで起き上がったりして、それが売り物になっていきました」

とりわけ、ＮＨＫを通じて全国に放映される参院予算委で、その真骨頂を発揮。猪木が質問者として登場すると、視聴率が跳ね上がったとの逸話もあるぐらいだ。

二期目の予算委デビュー戦は、二〇一四年三月一二日。意気揚々と臨んだものの、絶叫した出だしから思わぬ指摘を受け、ほろ苦いスタートとなった。やり取りを引用する。

猪木　「元気ですかー！　元気があれば何でもできる、元気があれば質問もできるということで、猪木の常識、非常識で通っています。すみません。まだこの台（質問者が使うテーブル）も全然変わっていませんね（以下略）」

山崎力予算委員長　「ちょっとお待ちください。アントニオ猪木委員に申し上げます。最初のご発声は、元気が出るだけでなくて心臓に悪い方もいらっしゃると思いますので、今後はお控え願いたいと存じます」

国会質疑で、委員長が質問者に注意することは珍しいことではない。ただ、ヤジや質問時間の超過などが大半で、質問者の態度を全面的に批判するのは異例だった。

「今は気にしてませんが（山崎力議員は）青森選出の議員でしたよね。『あの野郎、落っことしてやる』って、当時は思いましたよ。俺にとって『元気ですかー！』というのはとりあえずの挨拶ですから。挨拶すらしちゃいけないのかと思いました。でも、あれはひらめいて言ったのか、『心臓に悪いから』というのは考えてたのか、偶然だったのか。いずれにせよ面白かった」

この後は、北朝鮮問題について安倍に淡々と質問を続けた。北朝鮮とのスポーツ交流を進める必要性を尋ねた猪木に対し、安倍は「私も子供の頃、猪木さん対ブルーノ・サンマルチノとの戦いに手に汗握ったことも覚えておりまして、ハルク・ホーガンとの戦いもテレビの前で熱中したことを覚えておりますが」と答弁、プロレスファンを喜ばせる場面もあった。

翌一三日には、参院外交防衛委員会で質問に立った。前日の記憶が頭をよぎったのだろう。冒頭、委員長に発言の許可を求めた。

「昨日の予算委員会で『元気ですかー!』は(注意を受けた)、でも、私はこのキャラクターでずっと生きてきました。昨日も申し上げたとおり、被災地みんな沈んでいた時に、『元気ですかー!』という声でみんな元気になりました。もしこの委員会でご了承いただければ、この次やらせていただきますけど。もう駄目なら駄目でしょうがないんですけど」

委員長の末松信介は即座に「どうぞ」と一言だけ述べ、許容する姿勢を示した。安心した猪木は再び「元気ですかー!」と絶叫。以後、質問冒頭での恒例となり、国会版猪木劇場の始まりを告げる「ゴング」の役割を果たしていく。

質問は苦手

猪木の質問内容は、他の国会議員が取り上げないような、実にユニークで多岐に渡るテーマばかりだった。そして「元気ですかー！」の後には、すかさずダジャレやユーモアを披露する。簡単に分かる時は、議場から笑いが漏れる。反面、分かりにくく、閣僚や議員からの反応が薄い時は、自らネタを明かした。

「ちょうど春もやってきました、桜も。寅さんが幾ら呼んでも、勝手にさくらはやってきたと、お兄ちゃんと、知らないかな、寅さんの」（二〇一五年四月一日・予算委）

「今日は大変時間が短いものですから、冗談とふんどしはまたにしますということで、本題に入ります」（二〇一七年四月一三日・外交防衛委）

「北朝鮮から帰ってくる前に三日ぐらい息しないで空気を吸ったまんま帰ってくるんです。輸入しちゃいけないんです、空気も。一生懸命我慢して、それでちょっと最近心臓が悪い」（二〇一七年一月三一日・予算委）

解説すると、一つ目は映画『男はつらいよ』シリーズに登場する主人公・寅さんの妹「さくら」と桜とをかけたダジャレ。二つ目は、冗談を連発している自らを自虐的に表現し、三つ目は北朝鮮と日本との間で輸出入が禁じられていることに絡み、空気すら持ち帰れないと猪木流に揶揄しながら、ウィットを効かせたシャレ。かつては速記者が一言一句を拾い上げ、今では音声認識システムが用いられ、議事録として後世にも残る論戦の場で、他の国会議員がこのような言動をすることは、外聞や所属党からの処分などを恐れるため、まず考えられないし、仮にしたとしても失笑を買うだけだろう。

長年、プロレスの舞台でメインイベンターとして観客の視線を一身に集め、東京ドームや国技館などの大会場を自分色に染め上げてきた猪木にしてみれば、国会内の議場は比べるまでもなく狭く、その場にいる人数は少なくとも桁がひとつ違う。数々の場数を踏み、修羅場を潜り抜けてきたキャリアそのものに違いがある。

独特なダジャレは「即興ではなく、事前にそれなりに考えていました」と話す猪木。居並ぶ首相や閣僚を前に、実に手慣れた感じで質問を繰り広げ、緊張とは程遠い様子にも見えたが、内心はまったく異なっていたと明かす。

「実は、あんまり好きな場所ではありませんでした。あまり質問するのは得意じゃないんですよ。インタビューはたくさん受けてきましたが、聞かれて答えていれば良かったですから。逆に、こっちから質問することは、ほとんどなかったですからね。

質問しても、向こうが言っていることをじっと聞きつつ、次の質問をしなきゃいけないんで、それほど余裕がありませんでした。野党のベテラン議員が、よく相手の言葉尻を拾って、揚げ足を取れるなと感心してましたよね」

二期目の六年間は、安倍がずっと首相を務めており、質問した相手はすべて安倍政権の閣僚だった。中には、昔からの猪木ファンだった大臣もおり、委員会の散会後、秘書官やSP（警護官）を引き連れながら追いかけてきて「昔からのファンです。一緒にお風呂に入ったこともあります」と率直に打ち明けられたこともあった。

「彼らも『突っ込まれたら、どうするか』という警戒心があるわけですが、俺にはそういう空気がないから、俺の質問には一生懸命、丁寧に答弁してくれたんじゃないかな。ただ、河野さん（河野太郎元外相）なんか『○○なので、お答えできません』ばかりだった。あれじゃ、もう質疑が成り立ちませんでしたよね」

頭に包帯を巻いての初質問

時期は前後するが、一九八九年の当選後、初めて質問に立ったのは参院選から約三か月後の一〇月二五日。参院予算委で、首相の海部俊樹に論戦を挑んだ。一四日に福島県会津若松市で開かれた会合での演説中、暴漢に短刀で襲われ後頭部を負傷。長さ六センチ、深さ二センチのケガを負い入院中だったが、この日の朝病院を退院し、国会に駆け付けた。「ソ連（当時）外交の話をしていた時に突然やられました。アトラクションにしては、ひでぇことをするなと、その時は本当にそう思いました。ファイターとしての闘争本能で、持っていたマイクで防御しましたが、あと五ミリ深ければ、頸動脈に当たっていて、確実に死んでいたと思います」

海部への質問を控え、後頭部に包帯を巻き、痛々しい姿で国会に登場。「デビュー戦でちょっと緊張しておりますが、（中略）暴漢に襲われるという事件に遭いまして大けがをいたしましたが、（中略）きょうこのように元気になって退院してまいりました」と切り出した。海部は冒頭「痛々しい頭の白い包帯を見て、心からお見舞い申し上げます。いかに強豪といえどもルール無視の襲撃にはやっぱり災難を受けられるわけでありますから、どうぞルールを守ったスポーツの振興に一層お励みをいただきたいと思います」とお見舞いの言葉をかけた。

その後の質疑では、スポーツ平和党の代表として、政治とスポーツ、芸術が一体となった青少年の育成とスポーツ交流を通じた世界平和の実現を主張。「なぜオリンピックに勝てないのか。若人が闘魂をかき立てるような政策が伝わってこない。オリンピックに勝てる選手の育成に応えるスポーツ省のようなものが必要なのではないか」とスポーツ省を設置するよう迫った。海部は「私も前から考えていたテーマの一つでもあり、長期的な観点から慎重に検討すべき問題だ」と述べるも、慎重に受け止める旨の発言に終始した。いわば、猪木が二四年後に政界復帰した際も、当時とほぼ同様の主張をしている。猪木のライフワークは初当選直後から一貫している。

ちなみに、刺された直後、猪木は暴漢に刺されたのがきっかけで死去した師匠・力道山のことを即座に思い出したという。

「力道山が刺されたというひとつの事件があり、こんなんで（死ねるか、死んでたまるか）という思いが頭をよぎりました。この野郎、蹴り殺してやろうと、一歩踏み出したら、もう血の海になりましたね。その後も、三分から五分ぐらいだったかな、手で傷口を抑えながら演説を続けました。救急車を呼んでもらい、すぐ運ばれましたが、本能的に『死なない』と思いました」

猪木は翌一五日朝、入院していた会津若松市内の病院を退院し、東京都内での留学生関連のイベントに、頭に包帯を巻いた姿で予定通り出席、その場にいた人々を驚かせた。

「これはもう、格闘家のプライドなんですが、こんなんで弱気を見せるわけにはいかないと。本当は一週間とか入院しなければいけなかったんですが『もういい』と言って、起き上がって、上京しました。イベントで挨拶したら、さすがに貧血を起こして、倒れはしませんでしたが、すぐにまた都内の病院に入院しました」

「よく政治家は『命を懸ける』という言葉を使いますが、本当の意味はどうなのか、と考えることがあります」

文字通り、命を懸けて演説を続けた猪木の言葉には、自ずと力がこもる。

印象に残るUFO質疑

猪木が最も印象に残っている質疑として挙げるのは、二〇一五年四月一日の参院予算委で、防衛相の中谷元と繰り広げたUFO（未確認飛行物体）を巡るやりとりだ。一四歳で移民先のブラジルに渡り、コーヒー農園で働いていた時のある日の夕方、地平線から光ったものが来て、反対側の地平線に消えたとの経験談を披露した後、中谷に迫った。

「猪木がとんでもない話をするんじゃないかと思われているかもしれませんが、（中略）日本でもそういう（UFOの）話題がありましたが。（中略）宇宙人がいるのかいないのか、それも私には分かりませんが、考え方を変えれば、何かが領空侵犯をしているということになります。そんな中で、いわゆるUFOについて宇宙探査の何か情報がいろいろあるのかないのか、ロシアとかあるいはイギリス、フランス、アメリカも一部その情報を公開しましたが、その辺の今までにスクランブル（緊急発進）を掛けたことがあるのか、またその辺の研究をされているのか、お聞きしたい」

航空自衛隊を所管する中谷に対し、単刀直入に見解を求めた。

中谷は、日本領域上空に侵入の恐れがある正体不明の航跡探知時には、必要に応じて戦闘機を緊急発進させ、目視の確認をしていると一般論での説明に続き「鳥等の航空機以外の物体を発見することはあるものの、御指摘の地球外から飛来したと思われる未確認飛行物体を発見した事例については承知をしておりません」と否定。質問は肩透かしに終わった感があるが、猪木が今も忘れていないのは、議場にいた議員たちの反応だ。

「ＵＦＯの話を出した時に『何を言っているのか』と小馬鹿にした議員が何人かいたのを覚えています。人を小馬鹿にしようと何しようと、まあ構わない。でも、政治やバッジという権威の中に座って、そういう目線から見ていると、世界全体がどうなっているのか、との視点が欠け、頭が回らなくなるのではないかな」

「政治家になったもともとの目的は何だったのかと。ただ、バッジに憧れ、威力を借りたいだけの議員ばかりじゃないですか、今の政治全体が。『バッジを付けたら、こういうことをしたい』という考えがないですよね。そのことは、名前を挙げませんが、プロレスラー上がりでも、そういう議員がいましたよね」

こう語る猪木の表情からは、長年にわたってプロレス界の地位向上に努め、世間の一部から注がれるプロレスへの冷ややかな視線と闘ってきた経験から巻き起こる怒りがうかがえる。プロレスラー出身議員の質問をあざ笑うかのような風潮。

それと同時に、プロレスラー出身者も含めて、政治家になることが自己目的化しており、何をしたいのか自分でも分からなくなっている議員が目立っているとの厳しい指摘だ。これには、思い当たる議員が数多いのではなかろうか。

猪木が国会の場で、ＵＦＯを取り上げたのには少年時代の経験に加え、旺盛な好奇心によるところが大きい。テレビのドキュメンタリー番組を夜中に見るのを好むという猪木が主に観るチャンネルは、衛星放送のディスカバリーチャンネルをはじめ、ヒストリーチャンネル、アニマルプラネット、ナショナルジオグラフィックなど海外チャンネルが多い。

「そういうチャンネルを観ていると、必ずどこかでＵＦＯ関連の番組を放映してるんですよ。エジプトのピラミッドや、パキスタンのモヘンジョダロは、本当に人間が作ったのか、人間の技術であんなものができたのかと。地球外生命体は自由に動いて、自由に判断しているのではないか、という説を言う人もいますよね。その先のことは、俺も分かりませんけど」

ＵＦＯを巡り、政府は福田康夫内閣当時の二〇〇七年「地球外から飛来してきたと思われるＵＦＯの存在を確認していない」「（ＵＦＯについての情報収集や研究は行っておらず、日本に飛来した場合の対応に関し）特段の検討をしていない」などとする答弁書を閣議決定している。

さらに、猪木が質問した約三年後の二〇一八年にも、政府は同様の閣議決定をした。憲法解釈を変更し、集団的自衛権の（必要最小限度での）行使容認に踏み切った安倍政権に対し、野党議員は、ＵＦＯからの攻撃について、日本が直接武力攻撃を受けた「武力攻撃事態」に該当するのかどうか、安保関連法により集団的自衛権を行使できる「存立危機事態」に該当するのか否かを質問主意書で尋ねた。

答弁書では「ＵＦＯは安全保障上の警戒の対象外」とした上で「存在を確認したことはない」「我が国に飛来した場合の対応について特段の検討を行っていない」と主張するにとどめている。

ただ、二〇〇七年の答弁書閣議決定時、官房長官の町村信孝は「政府の公式答弁は極めて紋切り型だ。私は絶対にいると思っている」と定例会見で強調。防衛相の石破茂も「ＵＦＯやそれを操る生命体が存在しないと断定しうる根拠はない」と述べるなど「閣内不一致」が起きたことがある。

米国防総省は二〇〇七年から二〇一二年にかけて、ＵＦＯの調査を秘密裏に実施していたとの米ニューヨーク・タイムズの報道もあり、その後もＵＦＯに関する議論は世界中で展開されている。何年後になるかは分からないが、猪木が忘れていない議員たちの冷笑が、彼ら自身に跳ね返る日が来るかもしれない。

師匠と弟子の対決

「今回、馳文科大臣が就任されたということで、おめでとうございます。何かこの前食事をした時に、おい、お前、いつ大臣になるんだよと言ったら、そのうちになります、という。その時に、なったら猪木さんに最初に質問を受けますということで、こんなに早く実現すると思わなかったですが。いっぱいスキャンダルも集めてきたんですけど、今日はやめにしますけど」

二〇一五年一一月、猪木と、弟子にあたる馳との「師弟対決」が遂に実現した。裸と裸で向き合い、力で勝負するリング上ではなく、お互いスーツ姿に身を包み、言葉で勝負し論争する国会質疑の場での対峙に、プロレスファンは胸を熱くしたのではないだろうか。国会内でもヤジが飛び交うなどの注目が集まった。翌日朝刊各紙もこぞって取り上げた。

猪木と馳がリングで戦ったのは、一九九二年一月四日の東京ドーム。この時は、猪木が必殺技の「卍固め」で馳を下している。それから、二三年の月日が経過した。

一九八九年参院初当選の猪木は、リングでの直接対決から三年後の九五年夏の参院選で落選。かたや、同じ選挙で馳は参院初当選を果たした後、二〇〇〇年からは衆院議員に転身した。二〇一三年、一八年ぶりに政界復帰した猪木と、既に衆院議員六期目を迎えていた馳との運命が交錯。一議員の師匠が、安倍内閣の文部科学相を務める弟子と相まみえた瞬間、猪木は感慨深さを隠し切れない様子で、スキャンダルの有無に言及するなどの猪木独特の愛に溢れた言葉から始まった。

猪木が続けた。

「最初の私の八九年の選挙の時も一緒に走ってもらって、本当に楽しいあの当時の選挙をさせてもらいましたが。北朝鮮も、九五年ですか、行って、一九万人、二日間で三八万人というイベントで、初日は私が出られないので、代わりに『元気ですかー!』とリングの上から挨拶をしてもらいました。でも、本当にこれからの役割は大変だと思いますが」

馳は以前、猪木との対談で、猪木が初当選した八九年の選挙戦で全国行脚にすべて同行したことが政治家の原点にある旨を発言しており、政治家を志したきっかけが、猪木にあることを認めている。猪木はそのエピソードを踏まえながら、九五年に北朝鮮・平壌で開催した「平和の祭典」で、自分に代わって馳に恒例の挨拶を頼んだ逸話を披露し、師弟対決のムードは最高潮に達したと思えた。

ところが、猪木はここで変化球を投じ、政治家・馳を挑発してみせた。

「今日は一つ、体罰でちょっといろいろ言われているようですが、体罰に関してですね」

この変化球には伏線がある。馳はこの約一か月前の記者会見で、石川県・星稜高校の教師時代に教え子たちに竹刀を使って体罰を行った経験があることを明かしている。「体罰は絶対反対です。私に竹刀で殴られた高校生たちに謝罪したいと思います」とも述べ、体罰はあってはならず、反対との見解を強く示していたのだった。

馳が体罰を振るっていたのは、この時点から約三〇年前の話で、一九八〇年代半ばのこと。社会的に体罰が問題視されておらず、体罰を受ける側も今ほど疑問に思っていなかったし、そう思わざるを得なかったというのが現実だろう。それは、学校のみならず、プロレスの世界でも同様だったようだ。弟子を慮《おもんぱか》り、フォローするような猪木の言葉がさらに続く。

「時代の背景が違いますので、もう前にも委員会でも話した通り、私どもの修業時代は体罰も何もそれが当たり前だと思っていたんですが、時代の背景が変わってきたというか。(中略) 本当に教師も大変だと思います、何かあればすぐマスコミが取り上げて。一つ私が申し上げたいことは、やっぱり指導者がちゃんとした立場等を守ってあげないと、何かがあるたびに教師が袋だたきになってしまって、その実は知りませんけど、どういう体罰をしたのかは」

師匠・力道山に連れられ、家族で移住したブラジルから帰国した猪木は、プロレスに入門した直後から、師匠の鉄拳制裁、竹刀で殴られることは日常茶飯事だったと何度も明かしている。先の発言の「私どもの修業時代」とは、「意味も理由も分からぬまま、力道山に殴られた」との辛い経験を踏まえてのことだ。

その弟子が師匠となり、自らの弟子と国政の場で相対し、体罰発言で批判の矢面に立たされていた弟子・馳に投げかけた言葉の数々。馳には、どう響いたのだろうか。

知られていない重要提案

猪木が質問している最中、馳は議場で閣僚が座る椅子の背もたれから背中を離し、背筋をまっすぐに伸ばしながら、組んだ両手を右足の膝付近に置き、かみしめるように一言一言に聞き入っていた。

「猪木さん、いろいろと御指導ありがとうございました。おかげでこうして答弁をする立場に立たせていただきましたので、改めてこれまでの御指導に感謝申し上げますし、これからもまたよろしくお願いしたいと思います」

東京オリンピック・パラリンピック関連の質問で冒頭発言を締めくくった猪木。答弁を求められた馳は、殊勝な面持ちを浮かべながら、猪木の目をまっすぐに見据えつつ、長年の感謝の意を伝えた後、答弁を続けた。

答弁を終えた馳に、猪木が質問の二の矢を放つ直前「延髄斬りだ」とのヤジが飛び、猪木が「卍固めはうまいよ」とすかさず返す場面もあった師匠対決。その側面ばかりが注目されたが、東京オリンピック・パラリンピックについて、猪木が画期的な提案をし、数年後、提案に沿った形で一部競技の開催方針が変更されたことは、実はあまり知られていない。

「東京オリンピックの名前はいいと思いますが、日本全土で、これは地方創生にもなりますし、例えばマラソンなんていうのは、本当に四〇度近いところで選手たちの本当に生命の問題にも関わってくるし、そういう意味では、広島という、平和を標榜し、日本が毎年あれがありますが、広島で男子が走ってもらう、例えば女子の場合は長崎で走ってもらう、そういうような提案で、それで世界にアピールをするということで考えてもらったらどうかなと思います。

それで一つ問題は、選手たちが閉会式に戻れないいんじゃないかと、そういう心配をされるようですが、多分、マラソンは早朝からスタートだと思いますし、午前中にはもう終わって、十分東京に戻ってくる時間もあると思います。

そういう意味で、思い切った見直しというか日程の変更を申し出る勇気、あるいは東京集中から地方分散型にするという、その辺の検討をする考えがあるかどうか、聞かせてください」

猪木の提案は、酷暑の東京でのマラソン開催は選手を生命の危機にさらすもので、広島や長崎で実施するよう迫ったものだ。そして、この提案からちょうど四年後、国際オリンピック委員会（ＩＯＣ）は日本側の意見を聞くことなく、マラソンと競歩を札幌開催に変更するとの意向をほぼ一方的に突然表明。暑さを懸念したＩＯＣが強引に押し切って、会場変更を決定した。

また、大会最終日に行われる男子マラソンについて、メダリストが閉会式に戻れない可能性があることを懸念した大会組織委員会側が日程の前倒しを検討していたものの、ＩＯＣは「飛行機で十分、東京に戻れる」との立場を貫き、日程変更に応じなかった。

ＩＯＣが猪木案を知っていたかは定かではないし、現実的には考えにくいが、地方都市である札幌で開催し、男子マラソンの閉会式にメダリストが出席できる日程通り開催するという流れが、ＩＯＣ主導で決まったことは、まぎれもない事実として存在する。

プロレスラーとして第一線で走り続け、議員になってからもスポーツを交えた平和外交を機軸に訴え続けてきた猪木のアスリートとしての「先見の明」には、振り返ってみても驚かされるばかりだ。猪木はこの時の馳とのやり取り以前にも、国会で幾度となく炎天下での東京開催に懸念を示す質問を展開。筆者も猪木との会話で「マラソンに限らず、何人もの選手が亡くなりかねない」との話が再三上っていたのをはっきりと覚えている。

正式に札幌開催となった運びの直後、猪木はメディアの取材に「前から言ってる話。今になって言い出して。この時期は最高の季節で最高のパフォーマンスができるなんて、誰がこんなこと決めたの。決めたヤツはいなくなっちゃう。誰も責任は取らない」（「ENCOUNT」二〇一九年一一月二日）と鋭く批判している。

ちなみに、この質問でのやり取りで、地方開催を迫られた馳は「決められた条件の中で最大のパフォーマンスを発揮していただく、このことを我々は政府としても一体となって応援する必要がある」として、事実上ゼロ回答で応じていた。

落胆した猪木は「是非自分の意見を、今聞いているとどうも役所が作ったような感じがしますけど、自分の意見を聞かせてもらうように」と師匠として苦言を呈し、馳も苦笑いを浮かべざるを得なかった。

猪木が当時を振り返る。

「我々、同僚としてやってきた以上、もっともっと大きく花開いてもらいたい。ただ、この世界のシステムを知ってしまうと、まあ、あの程度の答弁が精一杯なのかなと思います。結局は派閥。派閥政治は良くないと言いますが、残念ながら派閥に入らないといけませんよね。で、どこの派閥によって、大臣ポストをもらえるか、もらえないかが決まってしまいますのでね」

引退後、政界入りを狙っていた師匠の力道山の思いを継いで、史上初のプロレス出身議員になり、時を追って、今度は弟子が閣僚にまで上り詰めたものの、どことなく寂しげな表情を浮かべていた猪木の胸に去来する思いはどのようなものだろうか。

最後の国会質問は、引退直前の二〇一九年六月の参院外交防衛委員会。

「元気ですかー！　元気があれば何でもできる」でいつも通り始めた後「元気があれば梅雨前線も全国に行き渡ったということで、アジサイの花も雨に打たれて、きれいに浮き浮きしています。私の気持ちをあなたに伝えたい、ツーユー。あまり英語で言うのは駄目ですかね。まあいつもこんな感じで始まりますので、びっくりしたと思いますが」

ダジャレを交えた猪木節の質問は、議員としての最終章まで健在であり続けた。

蛇足だが、国会の予算委員会などで質問する前日や前々日には、議員が通告した質問要旨などに基づき、関係する各省庁の担当職員が「質問取り」のため、議員の事務所などを訪れ、質問内容を細かく聞き出し、役所に戻ってから、答弁書を作成する。質問要旨の通告を遅らせたり、内容をほとんど明かさなかったりする議員もまれにいるため、答弁書を作るのに手間と時間を強いられることがある。霞が関で働く国家公務員の長時間労働の温床とされており、大きな問題となっている。

さはさりながら、猪木によれば「どこの省庁にも『猪木ファン』が必ずいましてね。話しぶりや視線で分かるんですよ。そして、部屋に入りきらないほどの数の役人が押しかけたり、ドア近くまで溢れたりしてましたね。さすがに『サインをくれ』だの『気合いを入れてください』という人はいませんでしたが」とのエピソードを明かすように、プロレスに熱中した猪木ファン、猪木信者は霞が関にも例外なく存在している様子が浮かび上がる。

第7章 批判は気にせず

新宿で街頭演説を行う
（写真＝山内 猛）

六三年ぶりの懲罰

「これより採決をいたします。本件の委員長報告は、三〇日間の登院停止でございます。本件を委員長報告の通り決することの賛否について、投票ボタンをお押し願います。

投票の結果を報告いたします。投票総数二一九、賛成二一一、反対八。よって、本件は委員長報告の通り三〇日間の登院停止とすることに決しました」

二〇一三年一一月二二日の参院本会議。参院議院運営委員会理事会の了承がないまま、二七回目となる北朝鮮訪問を強行した猪木に対し、登院停止三〇日間という懲罰を自民、公明、民主各党などの賛成多数で可決した。参院での懲罰は六三年ぶり。国会法では、除名に次ぐ厳しい処分が下された。猪木は以後、国会裏にある議員会館には「出勤」するのみで、参院本会議や各委員会が開かれる国会議事堂には一歩も入ることが許されなくなった。

「議場にいる議員がみんな敵視しているような心境で、全員が敵に思えました。中には違う人もいたかもしれないし、あまり深く考えていない人もいただろうし、何も考えることなく会派の姿勢に従って、ボタンを押しただけの人もいたかもしれない。とにかく言えるのは、居心地が悪かったということですね。六三年ぶりということで、歴史にも残ってしまいました」

「その時『辞めろ』と言われれば、辞めてもよかったと思ってました。あえて、冗談を言わせてもらえば、国会というのは、すごく優しいところなんだよと。『猪木、毎日国会に登院するのは大変だろう』ということで、無理やり休ませてくれてるんだよと」

冗談を交えて自虐的に当時を回想する猪木。国会開会中に海外渡航する際、行動予定などを記した行程表を提出し、了承を求めるのは常識だが、どうして、このような事態に至ったのか。

当時の資料によると、渡航を申請した猪木氏に対し、議院運営委員会理事会は「具体的な日程について十分な説明がない」との理由で不許可を決定したとしている。それを無視する形で、猪木は北朝鮮行きを強行。帰国後「参院の秩序を乱すもので看過できない」「重大かつ明白なルール違反」などとする厳しい批判が与野党から上がり、懲罰動議が提出された。

「俺もよく分からないのですが、俺が書類を出したのは間違いないんだけど、当時の秘書が（議院運営委員会に）出していなかったのかもしれない。出していたとしても、受理されたか、されていなかったかの点が曖昧だった可能性もあります。『全部そういう細かいことまでチェックしないのが悪い』と言われるけど、いちいちチェックしている時間なんてない。そんな暇じゃないですから。俺も向こうとの約束があったので、行かないわけにはいきませんでした」と弁明するが、後味の悪さだけが残ったのは否めない。

本会議に先立ち、猪木問題を審議した参院の懲罰委員会は、猪木に弁明の機会を与えようとしたが、猪木が応じることはなかった。懲罰が可決された直後、猪木は「ルールに反したということであり、決まったことは、真摯に受け止める。やったことの言い訳はしない。長年、築いてきたチャンネルがある。これからも猪木外交を続けたい」と言い残し、国会を後にした。

一方、所属していた日本維新の会は、懲罰可決よりも前に、五〇日間の党員資格停止処分を決めた。猪木は「国会の懲罰が最高であるべきなのに、日数を考えれば、維新の方が重い処分を先に下しました。外聞ばかり考えていたんですよね」と批判してみせた。

幹部と最後に面会

屈強な若い軍人二人が左右から両手を強く絡め、硬直した表情でうつむいたままの初老の男性を連行している写真を覚えている人は多いのではないだろうか。金正恩第一書記

（当時）の叔父で最側近でもある張成沢《チャンソンテク》国防委員会副委員長兼国家体育指導委員会委員長が二〇一三年一二月に処刑されたとのニュースは、世界を震撼させた。

懲罰の対象となった一一月の北朝鮮訪問時、猪木は張と面会しており、生前、最後に会った外国人とされている。それよりも前の訪朝で、既に何度か会談を重ねてきた猪木から見て、処刑はどう映ったのか。

処刑が報じられた直後の猪木は開口一番「よく分からない。向こうも神経質になっている時なので、できるだけ言葉は控えたい」

続けて「昨日、向こうから連絡を頂いたが、私が約束してきた議員団派遣の件と（平壌に設立したばかりの）スポーツ平和交流協会の活動推進、来年の早い時期に北朝鮮でイベントをやる、という三点については『まったく変わりない』との返事をもらっている」とも述べ、北朝鮮側との交流に何ら影響はないとの連絡をもらったことを明かした。

猪木によると、会談で張は「日朝両国が困難な時期に、わが国を訪問された勇気をたたえたい。あなたがしたことは歴史が評価するでしょう」と伝えた。後から思えば、遺言のようにも受け取れたという。

「どことなく元気がないようには感じました。お疲れなのかなと思いましたが。ああいうことになるとは。あの時の訪朝では、張氏のほか、金永日《キムヨンイル》朝鮮労働党国際部長ともお会いしました。張氏のラインにいる人と思ってまして、その次の訪朝で面会しましたが、その後は一切出てこなくなりましたね。張氏の粛清と関係あるのかどうか、私には分かりませんが」

批判はどこ吹く風

猪木は、懲罰の対象となった二七回目の訪朝以前、参院選当選直後にも現地を訪問している。以後、二〇一八年九月の三三回目を最後に、二期目の国会議員在職中、計八回にわたり北朝鮮訪問を重ねた。官房長官の菅はその都度、渡航自粛を要請。拉致問題担当相や与党も、猪木の訪朝計画が表面化する度に批判を重ね、訪朝を取りやめるよう牽制《けんせい》したが、猪木にはそうした政界の常識が通用せず「どこ吹く風」のごとく、訪問を続けた。

「若い政治家に、俺の背中を見てもらいたいという思いもありました。俺がどれだけすごいかということではなくて、信念というのが大事だと。国民の信頼を勝ち取るのであれば、今日言ったこと、明日言うこと、それがぶれていいのかということです。議員として生き残っていかなければいけないのは分かりますが、それでいいんですかということです」

「背中を見て、何かを感じてほしい」との猪木の思いが次第に周辺にも伝わり始めたこともあり、その後は訪朝団を何度か結成し、若手国会議員を引き連れて行った。

とりわけ、二九回目となる二〇一四年七月の訪朝には、日本維新の会の松浪健太、石関貴史、阪口直人の各衆院議員と清水貴之参院議員、みんなの党の山田太郎参院議員（いずれも当時）の計五人の国会議員と同行。最も大規模な訪朝団となった。

訪問直前、政府が人的往来の規制など対北朝鮮制裁の一部を解除。これを踏まえた官房長官の菅は「北朝鮮への渡航で特段の措置を取ることはない。北朝鮮が（日本人拉致被害者の再調査などに関する）特別調査委員会の調査をしっかり進めていくよう注視したい」と述べ、訪朝は何ら問題ないとの認識を示し、幸運にもめぐまれた北朝鮮渡航となった。

ただ、猪木らが日本を発つ日の早朝、北朝鮮は日本海に向け、弾道ミサイルを発射。滞在中にも日本海に向けて発射した。さらに、猪木らが北朝鮮を離れる日の朝にも、日本海に向け多連装ロケット弾など一〇〇発余りを発射。そんな最中での訪問となった。

猪木らとの会談で、北朝鮮の姜錫柱《カンソクチュ》朝鮮労働党書記は「米国と韓国による軍事演習への対抗手段だ」と説明、日本に対する示威的な行動ではないとの立場を訪朝団に説明した。当時、米韓両軍は合同訓練や合同軍事演習を計画しており、あくまでもそれを牽制するためとの立場に終始した。

羽田空港に到着した猪木訪朝団は記者会見に臨み、議員がそれぞれ印象を語った。

「ミサイル打ち込みは、国際社会として、わが国としても許されるものではないので、それを踏まえた上での応答となった」（石関）

「拉致問題は避けて通れないので、かなり突っ込んで拉致の話を聞いた。これから進捗していくことに自信を見せていたようだが、それ以上の具体的なことに関しては、言明を避けた形だった」（山田）

「拉致問題についてつけ加えると、我々は議員団であって、政府機関ではない。この一〇年間の議員同士の付き合いを重ねており、非公式な面でもかなりの時間を割いて、意見交換することができた」（松浪）

「拉致問題だけでなく、さまざまな人道問題を解決していくことが、北朝鮮との間で地下資源開発や人的視点の開発とリンクしているということを話した。地方にも行き、北朝鮮が抱えている問題を認識したとともに、変わろうとしている鼓動を感じることもできた。しっかり意見交換し、本音で話をすることが出発点であるとの認識を共有することができた」（阪口）

「初訪問だったが、思っていた印象とかなり違う部分が多かった。高層マンションや高層ビルがずいぶん建ち、車やタクシーも走っていた。人々の生活が大変困窮しているという情報を聞いており、北朝鮮という国なので、どこまで信頼すべきか、していいのかという問題はあるが、直接見た印象としては、思っていたものと違う部分が多かった。実際に行ってみないと、分からないこともたくさんあるということを感じた」（清水）

その後、山田が猪木論を語っている。

「猪木外交がすごいなと思ったのは、平壌へ行ってみて、みな猪木さんのことを知っている。笑顔で手を振って『猪木寛至さん』と親しみを込めて呼んでいるあたり、我々もものすごくびっくりした。こんなに北朝鮮で有名な政治家、選手はいないのではないかということで、一緒に行った我々は驚いたところだ」

会見の最後、猪木はひとりで定番の「1、2、3、ダーッ！」を披露。カメラマンは議員団全員で再度行うよう要請したが、石関、松浪らが「それはだめ、そういう場面じゃないから」と強く拒絶した。猪木だけによる通常の単独訪問とは趣がかなり異なる訪朝だった。

浪人中もパイプ保持

先述したが、猪木はバッジを外した「浪人中」も北朝鮮訪問を続け、猪木流の外交チャンネル、パイプを保持する活動を続けた。スポーツ交流を通じた平和の実現を願い、九五年の平和の祭典で「師匠・力道山への恩返し」を終えた後も、訪問を重ねた。

一九九七年一一月、北朝鮮から日本人妻が三八年ぶりとなる日本への里帰りを果たした。日本人拉致問題への関心が徐々に高まる中、日本到着時からそれぞれの故郷に戻っての家族らとの再会、そして離日までの数日間、各メディアは大々的に取り上げたため、当時のことを覚えている人は少なくないだろう。

猪木によれば、第一陣として里帰りした一五人のうち、日本への帰国を控えた五人と平壌で面会した時、「早くお墓参りをしたい」「親不孝をしたので、親におわびしたい」などと祖国への溢れる思いをそれぞれ口にしていたという。全員、日本語を話し、力道山のことも話題に上った。

「スポーツ交流を基本に取り組んでいたので、北朝鮮からボクサーを連れて来たり、卓球の選手が来たり、いろいろやりましたね。朝鮮労働党の創建記念式典に出席などのため、現地を訪れたりもしました。向こうにはすべて報告が上がっているはずですが、金正日総書記が死去した際には、都内の朝鮮総聯本部での弔問に訪れ、献花もしました。人の交流を絶やしてはいけないと、私なりのやり方をずっと続けてきました」

二〇〇二年、首相小泉純一郎が北朝鮮・平壌に乗り込み、総書記金正日との日朝首脳会談を行うとのニュースは即座に世界を駆け巡り、日本のみならず各国に衝撃を与えた。小泉は日本人拉致問題の解決に向け、一歩でも前進させるためには首相の自分が乗り込むしかないと判断。首脳会談に臨んだ両首脳は、日朝平壌宣言を取り交わした。北朝鮮側は日本人拉致被害者八人の死亡を通告、五人は生存していると伝え、五人はその後、帰国した。

五人を北朝鮮に返すか否かを巡り、日本政府内では激しい議論が起きたが、返さない方針を決定。小泉は二年後にも北朝鮮に向かい、五人の家族らも帰国する流れとなった。拉致被害者に対する速やかな調査と正確な情報提供を求める日本側と、「解決済み」との姿勢を貫く北朝鮮との溝は埋まらないまま。この間、国交正常化交渉などの政府間協議は散発的に行われてはいるが、拉致問題とあわせて核・ミサイル問題の解決は先が見えていない状態が続く。

「小泉さんが訪朝して、いろいろな動きが一気に進むと思いましたけどね。もちろん良い方向に。ただ、その後はもう『ごちゃごちゃ』ですね。(拉致被害者五人を北朝鮮に返すという)『約束を破った、破らない』の話に立ち戻ってしまいます。さらに核開発の問題も絡んできて、事態はより複雑になっています」

拉致問題担当相の親書

猪木が国政に復帰する一年前のことだ。民主党・野田政権で拉致問題担当相を務めていた松原仁から依頼を受け、親書を北朝鮮側に届けたこともある。松原は拉致議連の幹部を長らく務め、拉致問題解決に熱心な姿勢を示し続けてきた。

「松原大臣はチャンネルがないということで、私に親書を託したのでしょう。正式な親書というほどのものではなかったと思いますが」

猪木は二〇一四年の参院予算委員会で「私は、過去二〇年間、議員であっても民間人であっても、一日も早くお互いが本音の話ができる環境づくりに今日まで努めてまいりました。かつては、拉致担当大臣の親書を北朝鮮に届けたこともあります。一貫して政府に協力してきました」と述べ、松原の名前を挙げずに、ひとつのエピソードとして明かしている。

拉致問題をどう考える

「会談では、非公式ですが拉致の話はしています。口頭で質問すると、向こうは長年の通り『もう亡くなっています』の一辺倒の返事です。そういうことなら、拉致被害者の家族の皆さんも、一緒に行って、膝を突き合わせましょうよ、と。そして、先方がうそをついているかどうか、自分で判断するしかない。それが猪木流の外交というか……」

猪木が明かす拉致問題解決策については、猪木による「二元外交」への批判と相まって、日本政府の対処方針と大きくかけ離れているのは間違いない。

かたや、猪木が唱える現実的な案は「落としどころをしっかりと決めて、どこで区切りを付けるのか」というものだ。

「拉致の話になると、どうしても拉致被害者家族の意向ということが出てくる。それに対して、一歩踏み出そうという政治家がなかなかいないのが実態ですよね。『拉致がどうの、こうの』と否定的なことを言うと、選挙で落とされますから。私の場合は、それを恐れていません。何度も言うように、誰もできないこと、誰も言えないことをやるのが私の役割なのかなぁと思いますね」

政府・与党からは異端児扱いされながらも、猪木はこれからも独自の外交を続けていくのだろうか。

「師匠への恩返しから始まった北朝鮮との関わりですが、もう自分のひとつの役目みたいになってしまいました。『また行くのか』とよく聞かれますが、コロナが収束し、私の体がもう少し、回復しないといけません。外交に必要なのはやはり気力なので、体力を上げて、気力を取り戻さないと。ただ行って『やあ、やあ、久しぶり』で会ったのでは、しょうがない。逆に言えば、バッジのない、フリーという立場において、何かできないかと思っています。私の考えを知らない人から見れば『なんだ、猪木、また北朝鮮かよ』と見られるかもしれません。北朝鮮という言葉だけで、悪役になってしまいますから」

終章 闘魂伝説、完結へ

コロナの時代にも、
猪木流のメッセージを発信し続ける
（写真＝山内 猛）

政界引退「元気売れなくなった」

二〇一九年六月二六日、最後の参院本会議に出席した猪木は、政界から身を退くことを明らかにした。一九九八年のプロレス引退に次いで、表舞台からの引退は二度目。立って取材に応じるのもままならず、椅子に座りながら「元気を売る人間が、元気を売れなくなった」と言い残し、延べ一二年間の職場だった国会を後にした。そして直後に、体調に異変を感じ、六月中に極秘で入院した。少し長いが、記者団とのやり取りを紹介する。

記者「議員生活を振り返ってみて」

猪木「最後の元気ですかー！　長いような、短いような、ちょうど体調も壊したので、結構最後は大変だったが、元気を売る人間が、元気を売れなくなっちゃったね。次の国会の皆さんが、改革というのを言葉だけでなく実行してもらいたい」

記者「日本と北朝鮮の関係について」

猪木「官邸の悪口を言うつもりもないが、よくここまで邪魔してくれたなと。（私自身の）元々の歴史が、人の交流というスポーツ交流を通じて話し合うという（ことにあった）。いろいろな状況にあっても。イラクの件があるので、そういう経験で、人が話し合わないと（いけないということを主張してきた）。拉致問題もその中に出てくるが、急遽、（安倍政権の対北朝鮮政策が）こんなに変わって、前提なき条件で話し合いみたいなことになって、我々国民はどうやって受け止めたらいいのか、今日言ったことを平気で明日、引っ繰り返してしまう。こういうことが当たり前になってしまったというのは（好ましくない）。子どもたちにいろいろな背中を見せるためにも、メッセージを送らないといけない。

私はプロレスのリングの上でメッセージを送ってきた。振り返って、これから一〇年二〇年、トランプ米大統領がおっしゃられた日米安保も反故だと、なんでこんなお互いのリーダーがおかしなことになったのか。ここ（参議院）に籍をおかれる方には、自負心を（持ってほしい）。自己をしっかりとするという、参議院には役割があるので、振り返ってみれば、私なりにやらせてもらったと思う」

記者　「今後はどんな活動をするのか」

猪木　「来月二六日か、二七日まではバッジのあれがある。国会が終わったから、行っても構いませんけど。いろいろ策を練っていたものが理解してもらえなかった。せっかく前提なき条件で話し合いをすると総理が言われたように、せっかくそういう空気になったにもかかわらず、裏はまったくなくて。野党連合という形で、滞ってきた何十年を一気に変えられるような、そんな裏話も水面下でやってきたが、それを理解する人はなかなか難しいと思うので。自分なりの外交をこれからやっていこうと思う」

記者「国民民主党から出馬を打診されたと思うが」

猪木「ないですよ。反対する人がいっぱいいたんでしょう。詳しいことは知らない。順位が上とか下（とかいう問題）ではなく。せっかく野党連合という構想が、そうではなかったようで、それぞれに考えがあるから、そういうことは、どうでもいいです」

記者「あらためて出馬しないと判断した理由は」

猪木「もともと最初から出馬するつもりはなかったが、小沢（一郎）先生が動いて、そういうことであれば、（出馬しようとも考えた）。野党連合での立場を、今の北朝鮮問題、そういうような、この何十年の歴史で、そういうチャンネルを持ってましたので、力道山という私の師匠の思いを届けたところから来ているので、その間に様々な人がいなくなりましたが、これからは自由に行動できる」

記者「政界は引退するのか。復帰の可能性はないのか」

猪木「誰も俺をあれしてくれる人はいないですよ、政界も。こういうキャラクターですから。自分の人生、自分で歩んできたので、こういう組織とか何かには合わないので、自分ができること、世界運動とか今までやってきたことをやっていく」

記者「政界引退ということでいいのか」

猪木「政界とか意識していない。街を歩いていても、先生というより猪木さんという人が多いから。プロレスラーのイメージがまだ残っているので」

記者「これまでの議員生活を振り返ってみて、現在の安倍一強体制と、野党の状況をどうみているか。今後、日本の政治に何を求めるか」

猪木「我々はイベント屋なので、いかにして一つ投げた石が波紋を大きくするかとか、意表を突くとか（ということを考えてきた）。今回の野党連合には知恵がないというか、政権を取ってやろうという、何か仕掛けていくというプロデューサー役がいなかった。

自民党は、忖度というか、日米安保も言ったか言わないか知らないが、周りがそうなっていく。人間本能は嫌われるよりも好かれる方がいいとか（聞きますが）。本来は国民のためにある政治が、その通りにならない。俺らは、自分の背中を、生きた様を若い人たちにメッセージとして伝えたい。もう一つは、高齢化の問題です。本当にこれどうするのか。一〇〇歳まで、元気であれば結構なことです。ただそうではない、人に世話をかけないといけない、年がいくつでも、自分のことは自分でできる、お迎えがきた時には旅立っていく」

参院議員はプライドを

猪木は在職中、国会、とりわけ参院の在り方について積極的に発言してきた。衆院選で落選した元議員が与野党問わず、参院選に挑戦し、参院議員に鞍替えするのが近年目立ち、衆院のカーボンコピー化が加速している。その現状に強い懸念を示し、良識の府である参院の独自性が失われつつあるとの見方を示す。

「常在戦場の衆院との違い、要するに衆院ではできないこと、衆院議員が動けないことがありますし、参院議員だからこそできることがあります。一期目の時は、プライドを持った参院議員がたくさんいました。でも、今は参院自体にそういう考えがありませんよね。衆院のコピーになっちゃいました。中にいた自分が、こんな批判をしてもしょうがないかもしれませんが、再びプライドを取り戻してほしい」

あっと言う間の一二年

「一期目は、イラクの人質解放があって、北朝鮮にも初めて行き、他にも世界を飛び回りました。まだ、日本人拉致問題が表面化してなかったですよね。あっと言う間に終わりました。二期目も、訪朝したりしてたら、六年が経っていました。こちらも、あっと言う間でしたね」

途中、一八年ものブランクを挟み、足掛け二期一二年の参院議員生活を総括した猪木は、いずれも「あっと言う間」と表現した。初めてバッジを付けたのが四六歳の働き盛り。それから三〇年が経過し、政界引退時は七六歳になっていた。猪木が振り返る。

「力道山の遺伝子を、どこまで背負えたかというのは、いつも胸に手をあてた時に、考えるんですけどね。師匠よりも偉くなりたいとか、師匠がやらなかったことをやりたいとか、という夢は持ち続けていますが」

「北朝鮮に何度か行って、結局、懲罰や政府から批判され、あれだけいじめられて、卑屈にはなってませんし、だからこそ立ち向かわなきゃいけないんだけど、やっぱり、ある意味では嫌気が差してしまうというかね。自分にとって、政治家というバッジをはめている以上、北朝鮮問題は大事なんです。でも、誰しもあるように『もういいや』って思う自分もどこかにいて、『いや、まだまだ』という自分とが闘ってましたね。

『師匠に対する恩返し』という言葉を使うと、それは九五年の平和の祭典で、もう十分ということはあります。そして、その結果として、（北朝鮮に強いパイプを持つ）アントニオ猪木の別の顔が生まれてきました。ただし『その猪木を生かしてやろう、使ってやろう』という心意気が、日本の政治には残念ながらなかった。そして、なかったからこそ、今こうして、政府を批判するわけじゃありませんが、自分の人生にとって、『これから何が大事か』ということを、俺なりの目線で見れるという側面が出てきましたよね」

猪木が語る、新たな側面。それは、人間には誰しも平等に訪れる「死」である。

「やはり、人が生きて、いつかは逝くわけですよね。その時に、死とどう向き合えるか」

生前葬に込めた思い

いかにも猪木らしいイベントが二〇一七年一〇月二一日、両国国技館で開かれた。奇しくも衆院選の投開票日前日であったため、ほとんどメディアに報じられることはなかった。猪木は替え歌を披露し、白装束に象徴である深紅のタオルを首に巻いて入場するなど、会場は笑いの渦に包まれたが、生前葬を開催したこと自体に、猪木自身の強いメッセージが込められていたのはあまり知られていない。

「やはりどういう風に死と向き合うかという点があります。決して、悲しいとか、寂しいというようなマイナスな面ではなくて、やはり今の高齢化社会に向けて、一つのメッセージを出した、ということに生前葬を開催した意味があります。発信力のある私がやれば『何で、猪木が生前葬をやるのか』とみんなが思うでしょう。私としては、なかなかそこまで言葉でうまく伝えきれない部分もありましたが。

まわりからみれば、そうしたイベント、パフォーマンスは猪木だからできる、ということになろうかと思いますが、そういうことではありません。私と同世代、私よりも高齢の人にとって、認知症という問題が今一番大きな問題のひとつです。生前葬なら、記憶があるうちにできますよね。その辺、生前葬を開催したのに、その意味が十分伝えきれていないという思いがあります。世の中のきれいごとを抜きにして、私だからこそ、ちゃんとしたメッセージを送れるという気はしていますが」

政界引退後にあらためて尋ねたところ「昔は俺が一言『バカヤロー!』と言えば、チケットがすぐに売り切れました。でも、今はそれだけの客を呼べるスターがいない。ならば、俺がパフォーマンスやって、馬鹿やるしかないから、たまたま生前葬というのを思いついたというのもあります。興行屋ですから」と正面から答えることなく、混ぜっ返された。

だが、政治家時代よりも死をより間近に捉え始めたという証左ではなかろうか。

「極めて大きな存在で、彼が俺を、猪木という人間を知らしめてくれた」モハメド・アリが二〇一六年六月に亡くなり、マサ斎藤らレスラー仲間も次々と死去。最愛の妻・田鶴子を闘病の末に亡くし、猪木の頭の中に何が去来しているのだろうか。

一〇〇歳まで生きようなんて思わない

「世界を混乱させている新型コロナウイルスの問題は当然終わりがくるわけですから、横によけて、次の時代はどうあるべきかと。ひとつの一番大きな問題は、高齢化ですよね。俺はもう、最高齢部類の年齢に入っちゃってますから。そういう意味で、皆さんに会うと『猪木さん、長生きしてくださいね。一〇〇歳まで頑張ってくださいね』と言われる。それはそれでありがたいことだと思いますが、自分の中にそういう発想はないんですよ。別に、一〇〇歳まで生きようとも思わないし。

ただ、こうして去年（二〇一九年）、『心アミロイドーシス』という大病を患っていることが判明しました。我々と同世代、あるいは人生の先輩たちも含めて、私の発信力を使って『ああ、そうか。猪木があぁ言ってるんだから、猪木が頑張ってるんだから、私たちも頑張る』と思ってもらえたらと思います。

自分自身、正直毎朝起きたら、闘いですよね。今日も一日元気で、元気でというか、もう、昔の全盛期の俺とは全く違うんだけど。でも、何かできること、今はモノひとつ取るのも大変ですが、それを無理してでも、やるかやらないかという部分でね。何か希望というか、夢というものを与えられたらいいなあと思ってます」

心臓にアミロイドという物質が沈着することで、心臓のポンプ機能が低下し、全身に十分な血液を送ることが困難になる難病「心アミロイドーシス」にかかっていることが分かったのが政界引退後の二〇一九年秋のこと。

元々持病として抱えており、細かく日々の体調チェックが必要な糖尿病に加えて、新たな病を発症したことで「酒を飲みたいとも思わなくなった」。食事では、欠かさなかったアルコールの代わりに今は炭酸水しか口にしない。

「同世代や先輩たちは現役を引退し、自宅や老人ホームなどで過ごしています。いつまで生きるかはさておいて、その人たちに、草むしりでもいい、畑仕事でも何でもいいから、毎朝、何かひとつでも（熱心に取り組んでもらえるものがあればいいと思います）。俺の場合は、それが世界に向けての発信ということになります。何年か前に、姉を病院で送りましたが、その時に見た光景は、こんなことを言うと怒られますが、もう生き地獄でしたよね……。

そうした自分なりの考えがあって、今、この高齢化社会の中において、何らかのメッセージを出す俺がいて、それに賛同してくれる人もいるし、そうだと思わない人は思わなくても構いませんが『そうだな』って思ってくれる人がいて、明日の元気に繋がれば良いなと思いますね」

猪木が語る世界に向けての発信とは、温度が二〇〇〇〇度にもなるプラズマを、水を利用して安定させながら、一瞬にしてごみを溶かし、灰までもなくしてしまう「水プラズマ」の技術。猪木によれば、この技術を実用化することにより、世界のごみ問題が解決できるという。「コロナが終われば、まずはフィリピンに自分の駒を進める。スラム街『スモーキーマウンテン』のごみを一掃したい」との夢を抱き、実現への思いを日々語り続ける。

もどかしい自分を受け入れる

リングで躍動していた猪木。イラクに乗り込み、日本人人質解放を実現させた猪木。全盛時を知る世代をはじめ、世の人々に元気を送れなくなった自らをどう捉えているのか。

「もどかしいですが、まあ、それは受け入れるしかないですね。やっぱり、頭の中は、バリバリやってる時の（自分がくっきり残っていますが）。

最近まで、歩けなかったのが、やっと歩けるようになり、リハビリセンターでも入ればいいんでしょうけど、（コロナで）街には出ちゃいけませんし、レストランもどこでも勝手に入れません。

よく行く旅館があるんですが、そこだと人に会わないですし、いい温泉もありましてね。そこは駐車場も広くて、歩く練習をしたりしてます。あと、大きな声を出さないといけませんよね。都内の事務所じゃ、大きな声なんか出せません。そこでは、周りは山ですから『うおっ！』って大声を出します。私にとって、健康を保つ一つの秘訣ですね。

みなさんに会えば『元気ですかー！』とか何とかって声を出してますし、元気で長生きするのは結構だけど、実は毎日、毎日が精一杯。もう体はボロボロですから。その体を動かして『人のために頑張ろう』という思いもあり、確かに人のためというのは、良い言葉ではありますよね。人のためにいろいろやるのは嬉しいことだ」

最期の敵は自分

筆者「マット上でもいろんな敵と戦ってきて、政治家生活あるいはそれ以外でも、多種多様なものと戦ってきた。今一番戦ってるものは何か」

猪木「……。自分ですね」

インタビューの終盤、筆者の問いに猪木はしばし沈黙の後、率直な思いを吐露した。

「朝起きて、足が重い時だってあります。夜には少人数の食事会がどうしても入ります。その場で、私が食べないと、みんな私に御馳走しようと思いますよね。そして、それに応じたら、自分自身で翌日の体調、目方が分かりますよね。二キロ違っただけでも、かなり体調が違います。朝の爽快な自分の気分は、もうある意味、自分と闘って勝ち取っていかないといけないんですよね。今日はしょうがない、調子が悪いではなくて、調子が悪いのなら、そうした自分を乗り越えるような自分にならないと。毎日毎日が繰り返し。

もしゆっくり時間があれば『死とどう向き合うか』ということを書きたいと思っています。『死』という字は、みんながあんまり出したくないかもしれませんが、いずれは来るわけですよ。それと、私はするつもりはありませんが、病院での延命治療というものも、コロナによって、全く時代が変わっていくのであれば、延命しようという発想自体も変えないといけません。自分自身、もらった命に対し、どう恩返しをしていくかという人生を送っている最中です」

世間に十分すぎるほど流布し、人々がいつまでも思い描いている猪木のイメージが、加齢とともに、現在の猪木と日々かけ離れていく。二〇一八年訪朝時の車椅子姿、杖を欠かせない今の姿を知り「ずっと元気でいると思っていた猪木ですら、歳を取るのか」という冷徹なまでの現実をあらためて思い知らされる。

「俺も大病が発覚してから、ずっと闘いでした。皆さんから『猪木さん、元気そうですね』と言われますが、頭の中には、一番元気な時の自分がこびりついているから、どうしても、その時と比べてしまう。それも一つの戦いかなと思います。皆さんが（いつまでも元気だと）期待してくれているアントニオ猪木だって、歳を取っていくんです。長年のファン、往年のファンには、もう孫どころか、ひ孫までいる。なのに『俺だけ歳とっちゃいけない』みたいなことを言われる」

「そういう名前とか、イメージというのが、ずっと付きまとうのは、俺にとって、すごく重荷なんですよ。アントニオ猪木を続けるのも楽じゃない、本当に大変なんです」

西郷隆盛

命もいらぬ　名もいらぬ
官位も金もいらぬという人物は
処理に困るものである。
このように手に負えない人物で
なければ困難を共にして国家の
大業を成し遂げることはできない。
俺はそんな男になりたい。
砂漠に残した足跡、風が吹けば
消えてしまうけど、その想いはのこる
だろう

アントニオ猪木

あとがき

まずもって、体調が決して万全ではない中、私の申し出に快諾して頂き、幾度となく長時間のインタビュー取材に応じてくださった猪木会長に心より感謝を申し上げます。約三〇年前のイラク人質解放をめぐる経緯を、正確に記憶しており、よどみなく言葉にする様には感嘆しました。その後の出来事に関しても、細かい状況説明や当時の思い、感想を豊かな表現力で語ってくださいました。猪木さん、重ねがさねどうもありがとうございます。

永遠のスーパースター、プロレスラー・アントニオ猪木の数々の名勝負、私生活を含めたエピソードなどは、長年にわたり語り尽くされている感があります。かたや、アントニオ猪木が政治家として取り組んできた問題、考え方は世間にあまり知られていないのが実情でしょう。ひょっとしたら、赤いマフラーを首に巻いた姿で「元気ですかー！」と叫び、北朝鮮に何回も行っている人ぐらいのイメージしか抱いていない人が多いかもしれません。「そんなイメージを少しでも薄め、政治家・猪木の実像をひとりでも多くの人に知ってもらえたら」と思ったことが、本書を書こうと思った主たる理由です。

私は一九九六年、共同通信社に入社し、二〇〇五年からは念願かなって本社政治部に配属され、政治記者としてのキャリアをスタートさせました。小泉純一郎元首相の番記者を皮切りに、二度の政権交代をはじめ、与野党の政党取材、外交問題、国会論戦、衆参の国政選挙取材などに没頭。数多くの政治家、霞が関の官僚らを取材対象としてきました。

二〇一二年末、自民党が政権を奪還した後、翌一三年の年明けからは、野党担当となりました。各社の政治部記者はおおむね一年ごとに、自らが担当する取材先が変わっていきます。首相官邸や与党・自民党担当と比べると、政権運営に直接関わらない野党を担当している間は、時間的にも精神的にも余裕がありますが、大ニュースを扱うことは極めて稀で、記者として刺激に欠ける日々を送らざるを得ない面は否定できません。

そんな状況を一変させる知らせが飛び込んできたのは、その年の六月のことでした。

「アントニオ猪木が来月の参院選に、日本維新の会から出馬する」

翌日、立候補の正式表明のために国会を訪れた猪木氏の言動とパフォーマンスは、政界の常識を飛び越え、既存政治家のスケールをはるかに凌駕していました。参院選に当選し、十八年ぶりに国政復帰を果たした後、テレビでしか見たことがなかった猪木氏と初めて言葉を交わした時のことは、今でもよく覚えています。その後、従来の永田町的な発想にすっかり染まっていた私に「猪木番記者」という称号が加わりました。猪木氏が繰り出す話は、そのすべてが刺激に溢れ、どの政治家のカテゴリーにも収まらないものばかりでした。

言葉遣いは常に丁寧で、敬語を使わない話し方に接したことはありません。シャイな一面を持ち、ユーモアを忘れることなく、絶妙なタイミングでダジャレを繰り出し、周囲を笑いの渦に巻き込みます。世界各地を訪れた時のエピソードは、話を聞く者を強く惹きつけ、飽きさせることがありません。学歴こそ中学二年修了ではありますが、頭の中はいつも高速回転しており、同時進行している国外の政治状況、国内の政治模様を正確に把握しています。ただ昼夜を問わず、プロレスの話を向けても、ほとんど乗ってくることはありませんでした。政治記者に対しては、政治家であり続けようとしたのかもしれません。

私自身、小学二年生ごろからだったと思いますが、毎週金曜日の夜八時はテレビの前に居座り「ワールドプロレスリング」を食い入るように見ていました。週明けの学校では、友達とプロレスごっこに興じ、猪木氏が繰り出した技をお互いかけ合い、試合の感想を述べ合っていました。そんな元少年が、猪木氏の本を書くことを知った私の父は「少年に夢を与えた　プロレスラー　今記者となり　その伝記書く」との短歌を詠みました。

二〇一九年八月下旬に亡くなられた猪木田鶴子夫人にも大変お世話になりました。田鶴子夫人が私に関する口添えをしてくれなかったら、猪木氏を近くで取材することが叶わないどころか、この書籍の出版自体も成り立ちませんでした。

ある日の夜、猪木氏も同席していた東京・六本木の居酒屋で「あなたたち、同じＡＢ型ということもあって、タイプが似てるの。波長がすごく合っていると思うわ」と、猪木さんとレベルもラベルも異なる私にとって、分不相応なお言葉を頂いたことは、決して忘れられません。現職議員時代の二〇一七年に、複数回のインタビューの場を設定頂きましたが、刊行がここまで遅れてしまいました。生前に間に合わなかったことは痛恨の極みです。

政界引退後に行なったインタビューの日程調整など全面的なバックアップにご尽力頂いたコーラルゼット株式会社の甘井もとゆき氏のほか、猪木事務所の皆様にも深謝します。

そして、河出書房新社の太田美穂さんには、本書の企画段階から出版界の素人である私に対し、気品に溢れる態度と言葉で温かくご指導頂き、時には励ましを頂戴するなど、私を出版の道に導いてもらいました。この場をお借りして、謝意を示します。

四半世紀近く、共同通信社の同僚や各社の記者仲間が周囲にいる中で日々の原稿を書いてきた私にとって、ひとりでパソコンと向き合う書籍の執筆作業はひたすら孤独な作業を強いられるものでした。いつ完成するのか見通しがつかなくなり、ただただ頭を悩ませた時期もありました。執筆を始める前、そのような隘路が待ち受けているとは、想像すらできませんでした。一冊の本を出すのに、これほどの労力が求められるとともに、実に多くの方々のお力添えと数多くの工程を要するということも知ることはありませんでした。
この度の出版にあたり、お世話になった人のうち誰一人として欠けていたら、本書が読者の皆様に届くことはあり得ませんでした。おかげさまで何とか、ここまでこぎつけることができました。感無量です。皆様にあらためて、感謝申し上げます。

猪木氏が政治家転身を決断したのは四五歳の時でした。二〇一七年に配偶者が米国転勤を命じられ、熟慮に熟慮を重ねた結果「家族は一緒にいた方がいい」と最後はシンプルに考え、会社の休職制度を男性として初めて利用し、二児を連れて渡米することを私が決めたのも四五歳の時でした。勝手に重ね合わせるのもお恥ずかしい限りですが、同じ年齢で人生の転機を迎えたのは、偶然でもあり、必然でもあるような気がしています。
私が書くあらゆる原稿をいつも最初に読み、容赦ない感想を伝えてくれる妻、私に癒しを与えてくれながらもすくすくと成長を続ける長女と長男、病に打ち克つべく闘い続けた父、傍らで支えた母と妹に本書を捧げます。

二〇二一年三月　春の到来が待ち遠しい米・ニュージャージー州の自宅にて

小西一禎

〈アントニオ猪木 年譜〉

一九四三年（昭和一八年・〇歳）二月二〇日
横浜市鶴見区生麦町にて、九番目の六男として生まれる。兄弟は一一人（男七人、女四人）。

一九四八年（昭和二三年・五歳）二月一一日
父・佐次郎、心筋梗塞で急死。

一九四九年（昭和二四年・六歳）四月
横浜市立東台小学校に入学。

一九五五年（昭和三〇年・一二歳）四月
横浜市立寺尾中学校に入学。

一九五七年（昭和三二年・一四歳）二月三日
ブラジルに一家で移住するため「サントス丸」に乗船、横浜港を出発。航海中、祖父・相良寿郎が腸閉塞のため洋上で死去。

一九六〇年（昭和三五年・一七歳）
四月一〇日　ブラジル・サンパウロを訪れていた力道山にスカウトされ、プロレス入りを決断、三年ぶりに単身で帰国。
九月三〇日　東京・台東区体育館で「猪木寛至」としてプロレスラーデビュー。大木金太郎に敗退。

一九六二年（昭和三七年・一九歳）一一月九日
リングネームを「アントニオ猪木」に改名。

一九六三年（昭和三八年・二〇歳）
一二月八日　師匠・力道山が東京・赤坂のクラブ「ニュー・ラテン・クォーター」で暴漢に刺される。
一二月一五日　力道山、入院中の東京・山王病院で死去。享年三九。

一九六四年（昭和三九年・二一歳）三月九日
初めての海外修行のため、米国に出発。

一九七一年（昭和四六年・二八歳）一一月二日
女優の倍賞美津子と結婚。東京・新宿の京王プラザホテルで披露宴を開催。

一九七二年（昭和四七年・二九歳）一月二六日
新団体「新日本プロレス」の旗揚げを発表。代表取締役社長に就任。

一九七六年（昭和五一年・三三歳）

三月二五日　ボクシング・世界ヘビー級王者のモハメド・アリとの格闘技世界一決定戦の実現が決定。米・ニューヨークのプラザホテルで、アリと調印式に臨む。

六月二六日　東京・日本武道館でアリとの格闘技世界一決定戦。一五ラウンド戦い、引き分けに終わる。当時は「凡戦」などと批判されたが、近年になって、総合格闘技の草分けとして再評価。

一九八七年（昭和六二年・四四歳）一〇月下旬
母・文子が死去。

一九八九年（平成元年・四六歳）

二月六日　新日本プロレス、ソ連国家体育スポーツ委員会との全面提携を発表。

六月一五日　新日本プロレスの社長を退任、会長に就任。

六月二〇日　翌月の参院選比例区への出馬を正式に表明し「スポーツ平和党」を結党。「スポーツを通して、世界平和へ貢献する。一〇〇万票は取りたい」などと記者会見で強調。

七月二四日　参院選当選。ほぼ目標通りの九九万三九八九票を集め、史上初のプロレスラー出身国会議員が誕生。当選直後「長かった。こんなに苦しい試合をしたことはない。でも、素晴らしい戦いをさせてもらった」と語る。

八月七日　国会に初登院。

一〇月一四日　福島・会津若松市で講演中、暴漢に短刀で刺され、後頭部を負傷。長さ6センチ、深さ2センチのケガ。

一〇月二五日　参院予算委員会で初めての質問。この日の朝、病院を退院し、包帯姿で国会に登場。海部俊樹首相らに論戦を挑む。

一二月三一日　ソ連・モスクワで初めてのプロレス大会を開催。

一九九〇年（平成二年・四七歳）

八月二日　イラク大統領のサダム・フセインがクウェートに電撃侵攻。日本人を含めた外国人を「人質」として、主要軍事施設などに監禁。

九月一八～二三日　イラク・バグダッドを訪れ、サレハ国民議会議長、ウダイ・オリンピック委員会委員長兼スポーツ委員会委員長、ラマダン第一副首相らと会談。「平和の祭典」開催を提唱。

一〇月二四～二九日　イラクを再訪。「平和の祭典」を一二月初旬に開催することで合意。

一一月三〇日　トルコ航空のチャーター機でイラクに向け出発。日本人人質の四二家族四六人も同行。

一二月二、三日　バグダッドで「平和の祭典」を実施。

一二月四日　人質解放を求めてイラク側と交渉を続けるも態度が軟化しなかったため、滞在を延長し、交渉を継続。

一二月五日　ウダイ委員長が、面会した日本人人質の家族に対し、三六人の人質を解放すると表明。猪木は待機していたホテルで、人質や家族と面会を果たし、歓喜の万歳、ガッツポーズを繰り返す。

一二月七日　イラク政府、外国人人質全員の解放を決定。

一二月九日　人質とその家族らとともに成田空港に帰国。史上空前の三〇〇人もの報道陣が集まる。

一二月一七日　参院予算委員会で質問に立ち、イラク人質解放劇について、人質家族のイラク行きを自制するよう求めた外務省に対し「いろんな批判が高まっている。今後の外交のあり方にひとつ反省をしていただきたい」と注文を付ける。

一九九一年（平成三年・四八歳）

一月一七日　米国を中心とする多国籍軍がイラクへの空爆を開始、湾岸戦争が勃発。

二月七日　東京都知事選への立候補を表明。

二月一九〜二二日　イラクを四回目の訪問。戦時下のため、要人との面会は実現せず。

二月二八日　湾岸戦争終結。

三月一二日　都知事選不出馬を表明。

一九九二年（平成四年・四九歳）一月四日　馳浩と東京ドームでシングルマッチ。

一九九三年（平成五年・五〇歳）六月一五日　元秘書から公選法違反などで告発される。後に、公選法違反での不起訴処分が決定。

一九九四年（平成六年・五一歳）

七月九日　北朝鮮訪問に向け、滞在先の北京を出発直前、受け入れられないと北朝鮮側から伝えられる。

九月五日　初めて北朝鮮を訪問。イラク同様の「平和の祭典」の開催を提案。滞在中、準備委員会が立ち上がり、翌年に開催することが決定。力道山の娘と面会。

一九九五年（平成七年・五二歳）

四月二八〜三〇日　北朝鮮・平壌で「平和の祭典」を

開催。プロレス開催の二八、二九両日には計三八万人の観客を集める。

七月二三日　再選を目指し、スポーツ平和党から参院選比例代表で出馬し、落選。得票数は五四万一八九四票で、六年前から大幅に減少。一連のスキャンダルなどが響いたとされる。

一九九八年（平成一〇年・五五歳）四月四日　東京ドームで引退試合。観客は史上最多の七万人。試合後、詩「道」を披露。

二〇一〇年（平成二二年・六七歳）

二月一日　日本人として初めて、世界最大のプロレス団体・米WWEのプロレス殿堂入り。

九月一五日　平壌国際映画祭のため、北朝鮮を訪問。親善勲章第一級を授与される。

二〇一三年（平成二五年・七〇歳）

二月二〇日　七〇歳の古希を祝うパーティーをホテルオークラで開催。

六月五日　「日本維新の会」から比例代表で参院選に出馬する意向を表明。国会内の記者会見で、同党共同代表の石原慎太郎にビンタをする仕草を見せるなど、定番のパフォーマンスを披露。

七月二一日　参院選で当選。三五万六六〇五票を集め、一八年ぶりに国政復帰。

七月二五～二九日　二六回目となる北朝鮮訪問。

八月五日　都内の日本外国特派員協会で記者会見。「よく私は講演で『拉致問題が解決したら我々は幸せになりますかね？』と言うと、皆さんは『えっ？』という顔をする」などと発言し、物議を醸す。

一一月二～七日　二七回目の訪朝。金正恩第一書記（当時）の叔父で最側近でもある張成沢国防副委員長らと会談。張委員長が生前、最後に面会した外国人となった。猪木自らが代表を務めるNPO法人「スポーツ平和交流協会」の事務所を平壌に設立。

一一月八日　自民、民主、公明など与野党各党が、参院の許可を得ずに北朝鮮を訪れたとして、猪木に対する懲罰動議を提出。「重大かつ明白なルール違反」「参院の秩序を乱すもので看過できない」などと批判。

一一月一二日　日本維新の会が五〇日間の党員資格停止処分を決定。

一一月二二日　参院本会議で、三〇日間の登院停止とする懲罰処分を自民、公明、民主各党などの賛成多数で可決。参院での懲罰処分は一九五〇年以来、六三年ぶり。

二〇一四年（平成二六年・七一歳）

一月一三～一六日　二八回目の北朝鮮訪問。

三月一二日　政界復帰後、参院予算委員会で初めての質問。冒頭「元気ですかー！」を絶叫。「元気があれば何でもできる」と続けた。予算委員長に「元気が出るだけでなくて心臓に悪い方もいるので、今後はお控え願いたい」などと注意される。安倍晋三首相と初論戦。

七月一〇～一四日　五人の野党衆参両院議員と議員団を結成し、北朝鮮を訪れる。二九回目の訪朝。滞在中、北朝鮮は弾道ミサイルなどを発射。

八月一日　日本維新の会が分党し、新たに結成された「次世代の党」に参加。

八月二八日～九月二日　プロレス大会共催のため、三〇回目となる北朝鮮訪問。

一二月一二日　次世代の党を離党。

二〇一五年（平成二七年・七二歳）

一月八日　「日本を元気にする会」の結成に加わり、最高顧問に就任。

一月一七日　ノーベル平和賞を受賞したマララ・ユス

フザイと英国で面会。

四月一日　参院予算委員会で、ＵＦＯについて「スクランブル（緊急発進）を掛けたことがあるか」と中谷元・防衛相に質問。中谷は「地球外から飛来したと思われる未確認飛行物体を発見した事例は承知していない」と答弁。

一一月一一日　参院予算委員会で、プロレスの弟子・馳浩文部科学相に質問、「師弟対決」が実現。猪木は東京オリンピック・パラリンピックを取り上げ、暑さ対策のためマラソンを地方で開催するよう提案。馳は「決められた条件の中で最大のパフォーマンスを発揮するのを政府としても応援する」と答弁。

二〇一六年（平成二八年・七三歳）

六月三日　モハメド・アリが死去。享年七四。翌日の記者会見で「アリと戦ったと言うと、外交関係者も姿勢を直す。アリとの戦いのおかげで、人と違った政治、外交ができる」と感謝の意を表明。

九月八〜一三日　約二年ぶりに訪朝。通算三一回目。滞在中、北朝鮮は五回目の核実験を強行。金正恩朝鮮労働党委員長から「この時期によくいらっしゃった。ありがとうございます」とのメッセージを受け取る。

二〇一七年（平成二九年・七四歳）

九月七〜一一日　三二回目の訪朝。

二月二〇日　専属カメラマンの橋本田鶴子と結婚。

一〇月二一日　東京・両国国技館で生前葬。

二〇一八年（平成三〇年・七五歳）

九月六〜一一日　三三回目の北朝鮮訪問。車椅子に乗った姿で、羽田空港に現れる。北朝鮮建国七〇周年の祝賀行事に出席。

二〇一九年（平成三一年、令和元年・七六歳）

二月二一日　国民民主党会派入りを表明。自由党の小沢一郎共同代表らとともに記者会見。

六月七日　翌月の参院選に出馬せず、政界を引退することを表明。

六月二六日　最後の国会登院。参院本会議に出席後「元気を売る人間が、元気を売れなくなった」との言葉を残し、国会を後に。

八月二七日　妻・田鶴子が膵頭がんで死去。享年六二。

二〇二〇年（令和二年・七七歳）

二月二〇日　東京・虎ノ門のホテルオークラで「喜寿を祝う会」を開催。

九月三〇日　プロレスラーデビュー六〇周年を迎え、東京都内で記者会見。

〈主要参考文献〉

『最後に勝つ負け方を知っておけ　思ったことを面白く実現してしまう』
　アントニオ猪木（青春出版社　一九九〇年）
『たったひとりの闘争　中東湾岸危機の渦中で見つめたイラク　見つめた日本』
　アントニオ猪木（集英社　一九九〇年）
『アントニオ猪木自伝』猪木寛至（新潮社　二〇〇〇年）
『踏出力。人間「アントニオ猪木」から何を学ぶのか』アントニオ猪木（創英社／三省堂書店　二〇一〇年）
『北朝鮮と日本人　金正恩体制とどう向き合うか』アントニオ猪木、辺真一（KADOKAWA　二〇一四年）
『猪木流「過激なプロレス」の生命力』アントニオ猪木、村松友視（河出書房新社　二〇一八年）
『猪木伝説の真相　天才レスラーの生涯』
　アントニオ猪木、佐山聡、前田日明、蝶野正洋、天龍源一郎ほか（宝島社　二〇一九年）
『KAMINOGE 95』（玄文社　二〇一九年）
『アントニオ猪木闘魂語録大全』アントニオ猪木（宝島社　二〇二〇年）
『猪木力　不滅の闘魂』アントニオ猪木（河出書房新社　二〇二〇年）
参議院会議録（「参議院」HP）

小西一禎（こにし・かずよし）

一九七二年埼玉県生まれ。九六年慶應義塾大学商学部卒業後、共同通信社入社。熊本、福岡、静岡での地方勤務を経て、二〇〇五年より本社政治部記者。小泉純一郎元首相の番記者を皮切りに、首相官邸や自民党、外務省、国会、選挙、野党などを担当。一五年、米国政府の招聘を受け「インターナショナル・ビジター・リーダーシップ・プログラム」（ＩＶＬＰ）に参加。会社の「配偶者海外転勤同行休職制度」を男子として初めて活用し、一七年に妻、二児とともに渡米、東海岸・ニュージャージー州に移住。二〇年、休職制度満期につき退社。現在、フリージャーナリスト。この間、コロンビア大学東アジア研究所客員研究員を歴任。「米国におけるキャリア形成の多様性」をテーマに研究。駐在員の夫「駐夫（ちゅうおっと）」として、各メディアへの寄稿・取材歴多数。

猪木《いのき》道《どう》

政治家・アントニオ猪木　未来に伝える闘魂の全真実

二〇二一年四月二〇日　初版印刷
二〇二一年四月三〇日　初版発行

著者　小西一禎
発行者　小野寺優
発行所　株式会社河出書房新社
〒一五一―〇〇五一
東京都渋谷区千駄ヶ谷二―三二―二
電話　〇三―三四〇四―一二〇一（営業）
〇三―三四〇四―八六一一（編集）
https://www.kawade.co.jp/

組版　KAWADE DTP WORKS
印刷・製本　株式会社暁印刷

Printed in Japan　ISBN978-4-309-02960-3